Libro de cocina Delicias Chisporroteantes

100 RECETAS DE CHORRITOS CALIENTES QUE SORPRENDEN Y GRITAN

Albert Molina

Copyright Material © 2023

Reservados todos los derechos

Ninguna parte de este libro se puede usar o transmitir de ninguna forma o por ningún medio sin el debido consentimiento por escrito del editor y del propietario de los derechos de autor, a excepción de las breves citas utilizadas en una reseña. Este libro no debe considerarse un sustituto del asesoramiento médico, legal o profesional.

TABLA DE CONTENIDO

TABLA DE CONTENIDO 3
INTRODUCCIÓN 7
ENTRANTE... 8
   1. Tostadas de queso y ajo Sizzler.. 9
   2. S'mores de pimiento asado 11
   3. Rodajas de tomate y queso a la plancha 13
   4. Okra cajún a la parrilla y maíz.. 15
   5. Chisporroteadores de queso 17
   6. Imitador de tostadas de queso Sizzler 19

ENSALADAS Y ACOMPAÑANTES.. 21
   7. Pimientos a la leña 22
   8. Espárragos Envueltos En Jamón De Parma 24
   9. Aderezo caliente y picante 26
   10. Chisporroteador de papas 28
   11. Espinacas chisporroteantes 31
   12. Ensalada picante de frijoles 33
   13. Coliflor asada y brócoli 35
   14. Poppers de garbanzos 37
   15. Ensalada de brotes de mungo de mamá................................... 39
   16. Ensalada de tomate, pepino y cebolla.................................. 41
   17. Ensalada callejera de garbanzos 43
   18. Ensalada callejera de maíz 45
   19. Ensalada de zanahoria crujiente 47
   20. Chaat de granada 49
   21. Ensalada de frutas Masala 51
   22. Ensalada De Naranja 53

23. Ensalada de la huerta a la parrilla 55

24. Espárragos y tomates a la plancha 57

25. Ensalada caribeña a la parrilla de Chili's 59

26. Ensalada de rúcula y verduras a la plancha 62

27. Ensalada de cordero y habas a la plancha 64

28. Ensalada de aguacate y arroz 66

29. Arroz integral y verduras a la plancha 68

30. Ensalada de manzana y mango con pollo a la plancha 71

31. Ensalada de pollo y garbanzos a la plancha 74

CHORRITOS VEGANOS 77

32. Tofu crujiente con salsa chispeante de alcaparras 78

33. Tempeh asado 80

34. Tofu a la parrilla con glaseado de tamarindo 82

35. Tofu marinado con jugo de naranja en brochetas 84

36. Café tofu a la parrilla 86

37. tofu de soja a la parrilla 88

38. Tofu a la plancha con nerimiso 90

39. Brocheta de tofu y verduras 92

40. Brochetas de tofu especiado de la India 94

41. Pimientos rellenos de tofu a la plancha 96

42. Sizzler Con Salsa Picante Y Agria 99

CORTADORA DE AVES 103

43. Pollo chisporroteante con miel de soja 104

44. Sizzler De Pollo Con Hierbas 106

45. Chisporroteo de pollo 108

46. pollo y queso chisporroteantes 111

47. Pollo tandoori a la barbacoa 113

48. Pollo a la parrilla con chile 115

49. Pollo a la barbacoa y picadillo de Andouille 118

50. Pollo glaseado balsámico 121

51. Pollo y verduras a la plancha 124

52. Pollo a la brasa con salsa habanera 126

53. Sizzler de pollo a la parrilla con salsa de champiñones 128

54. Fideos Hakka y Sizzler de pollo a la parrilla 132

CHORRIZADORA DE CARNE 136

55. Sizzler de jamón crujiente con duraznos glaseados 137

56. chisporroteantes de Texas 139

57. Teriyaki de ternera 141

58. Parrillada de cordero en 30 min para dos 143

59. Cola de caimán asada al estilo cajún 145

60. Pierna de cordero a la parrilla con mariposas 147

61. Bistec Chisporroteado Con Pimientos Y Cebollas 149

62. Carne seca a la parrilla 151

63. Costillas a la parrilla 153

64. Parrillada al aire libre 155

65. Filetes de ternera a la parrilla 157

66. Salteado de carne chisporroteante 159

67. Solomillo Chisporroteante 161

CHORRITOR DE MARISCOS 163

68. Sizzler de mariscos mixtos estilo Schezuan 164

69. Pescado entero al vapor con jengibre y cebolletas 167

70. Besugo a la plancha con hinojo 170

71. Brochetas de marisco glaseadas con manzana 172

72. Brochetas de pescado a la parrilla 174

PRINCIPALES VEGETALES 176

73. Chisporroteadores de verduras 177

74. Chisporroteador chino de verduras 180

75. Peri peri Paneer chisporroteante 182

76. Bombay Chisporroteante 184

77. Berenjena y tofu en salsa de ajo chisporroteante 187

78. Sizzler indio de verduras 190

79. Tofu especiado y tomates 193

80. Hash De Patata Al Comino 196

81. Hash de patatas con semillas de mostaza 198

82. Repollo al estilo Punjabi 200

83. Repollo con Semillas de Mostaza y Coco 202

84. Judías verdes con patatas 204

85. Berenjenas Con Patatas 206

86. Masala Coles De Bruselas 209

87. Remolacha con semillas de mostaza y coco 211

88. Espinacas especiadas con "Paneer" 213

89. Papas con fenogreco y espinacas 216

90. Quimbombó crepitante 218

91. Chorizo a la plancha con mostaza picante 221

92. Chorizo a la plancha y Portobello 223

93. Puerros a la parrilla con champagne 225

94. Shiitakes a la brasa 227

95. Confeti de verduras a la plancha 229

POSTRE 231

96. Sizzler Fudge Brownie con salsa de chocolate 232

97. Pudín de suji y parrilla de frutas 236

98. Banana split a la plancha 238

99. Chisporroteo de brownie de chocolate 240

100. Gajar Halwa Y Esponja Sizzler 243

CONCLUSIÓN 245

INTRODUCCIÓN

La vida moderna ciertamente ha sacado a relucir a nuestros chefs internos, inspirando una búsqueda para recrear platos estilo restaurante en casa. La última tendencia con la que todos hemos estado experimentando está inspirada en los Sizzlers estilo restaurante.

Si lo sabes, conoces la emoción de un chisporroteo caliente que grita.

Es tan divertido como dramático, con la banda sonora del chisporroteo satisfactorio de una salsa que se vierte sobre el plato abrasadoramente caliente. Seré sincero contigo, no es el plato más fácil de dominar con un nivel justo de esfuerzo involucrado en el montaje. Sin embargo, ¡el resultado final definitivamente vale la pena! ¡Aquí hay algunas recetas útiles para comenzar a personalizar su propio sizzler!

ENTRANTE

1. Tostadas Sizzler con ajo y queso

Rinde: 8 porciones

INGREDIENTES:
- 2 libras de pan
- Manteca
- Queso parmesano rallado
- Aceite, para asar

INSTRUCCIONES:
a) Unte con mantequilla ambos lados de las rebanadas de pan.
b) Presione las rebanadas untadas con mantequilla en el queso parmesano rallado (como el parmesano seco Kraft).
c) Cubrir bien las lonchas con el queso rallado.
d) Tostar en una plancha o sartén plana bien engrasada a fuego medio, volteando una vez.
e) Cualquier pan extra se congela bien.

2. S'mores de pimienta a la parrilla

Rinde: 6 porciones

INGREDIENTES
- 6 pimientos asados enteros; pelado
- ½ libra de mozzarella fresca
- Pizca de sal
- 3 cucharaditas de aceite de oliva
- 1 manojo de romero
- Pizca Pimienta negra recién molida

INSTRUCCIONES:
a) Colocar un trozo de queso en cada pimiento.
b) Agregue una pequeña ramita de romero, sal, pimienta y 1/2 cucharadita de aceite de oliva para terminar. Cierra la parte superior de cada pimiento con la parte picada.
c) Precaliente la parrilla a fuego medio-alto.
d) Coloque los pimientos en la parrilla y cocine durante 2 minutos por lado, girando con pinzas hasta que el queso se haya derretido.
e) Emplatar y rociar con aceite de oliva, sazonar con sal y pimienta y cubrir con una ramita de romero. Sirva de inmediato.

3. Rodajas de queso y tomate grillado

Rinde: 4 porciones

INGREDIENTES
- 4 segmentos de Pan, blanco
- 1 tomate grande, limpio y troceado
- 4 gajos de Queso de Cabra Redondo

VENDAJE
- 2 cucharaditas de jugo de limón
- Pizca de sal
- Pizca de pimienta molida fresca
- Selección de hojas de ensalada
- 1 cucharadita de Vinagre, Balsámico
- 2 cucharadas de aceite de oliva

INSTRUCCIONES:
a) Precalentar la parrilla.
b) Corta cuatro rondas de los segmentos de pan con un cortador de metal redondo de 3 pulgadas, luego tuesta en un horno moderado durante 1-2 minutos o hasta que estén doradas.
c) Cubra las tostadas con las rodajas de tomate y queso de cabra y caliente durante 4-5 minutos más, hasta que estén doradas.
d) Combine los ingredientes del aderezo, luego coloque las rondas de queso de cabra a la parrilla sobre una cama de hojas de lechuga en platos para servir.
e) Espolvorea el aderezo por encima y sirve de inmediato.

4. Okra cajún a la parrilla y maíz

Hace: 6

INGREDIENTES
- ¼ taza de jugo de limón fresco
- 1 cucharada de condimento cajún
- 1 cucharadita de ralladura de lima
- 1 diente de ajo picado
- 5½ onzas de jugo de tomate
- 3 mazorcas de maíz desgranadas, cortadas transversalmente en gajos
- ½ libra de quimbombó
- 1 pimiento rojo, cortado en cuadrados de 1 pulgada
- Aerosol vegetal para cocinar

INSTRUCCIONES:
a) En una bolsa de plástico grande y resistente, combine los primeros 5 ingredientes.
b) Sella la bolsa con las verduras dentro. Refrigere por 1 hora, volteando la bolsa a la mitad.
c) Usando 6 brochetas, alternativamente brochetas de verduras.
d) Cocine durante 13 minutos o hasta que estén tiernos en una parrilla cubierta con aceite en aerosol, volteando y rociando regularmente con la marinada restante.

5. Chisporroteadores de queso

INGREDIENTES:
- 1 taza de queso suizo rallado o 1 taza de queso cheddar
- 1/4 taza de tocino cocido desmenuzado
- 1/4 taza de mayonesa
- 1 cucharada de cebollín o 1 cucharada de cebolla verde picada
- 1/4 taza de aceitunas negras picadas
- 18 rebanadas de pan de cóctel de centeno en miniatura

INSTRUCCIONES:

a) Combine todos los ingredientes y mezcle bien;
b) Untar sobre las rebanadas de pan;
c) Ase a 4 pulgadas del fuego hasta que el queso se derrita.

6. Imitación de tostadas con queso Sizzler

Rinde: 4 rebanadas

INGREDIENTES:
- ¼ taza de mantequilla salada ablandada
- ¼ taza de mezcla de queso italiano rallado parmesano, mozzarella, asiago, etc.
- 4 rebanadas de pan de molde grueso como una tostada de Texas

INSTRUCCIONES:
a) Combine la mantequilla y el queso en un tazón pequeño.//
b) Extienda sobre un lado del pan y cocine con la mantequilla hacia abajo en una sartén antiadherente a fuego medio-bajo. Cocine hasta que el queso esté dorado y transfiéralo a un plato. Cortar y servir.

ENSALADAS Y ACOMPAÑANTES

7. Pimientos a la Leña

Marcas: 2

INGREDIENTES:
- 11 onzas pimientos bebes
- 4 cucharadas de aceite de oliva

salsa verde
- 2 onzas. perejil
- 2 onzas. albahaca
- 1 diente de ajo, picado
- 6 cucharadas de aceite de oliva
- 2 cucharaditas de sal marina
- Jugo de medio limón

INSTRUCCIONES:
a) Combine los ingredientes de la salsa verde en un procesador de alimentos.
b) Coloque su Sizzler Pan en el horno para precalentar con dos cucharaditas de aceite de oliva.
c) Coloque los pimientos dentro del Sizzler, rocíe con aceite de oliva y vuelva al horno durante 5 minutos o hasta que estén dorados por un lado, luego voltee los pimientos y cocine por otros 5 minutos.
d) Retire los pimientos del horno, luego espolvoree la salsa verde sobre ellos.
e) Atender.

8. Espárragos Envueltos En Jamón De Parma

Marcas: 2

INGREDIENTES:
- 8 puntas de espárragos
- 8 lonchas de jamón de Parma
- 2 cucharadas de aceite de oliva
- 2 cucharadas de queso parmesano, rallado

INSTRUCCIONES:
a) Precalentar el horno de Leña a temperatura media-alta.
b) Blanquee los espárragos en una cacerola colocándolos en agua hirviendo suavemente durante dos minutos, luego retírelos y colóquelos en agua helada o bajo un chorro de agua fría.
c) Coloque su Grizzler dentro de su horno de leña para que se caliente después de agregar el aceite de oliva.
d) Envuelve el borde del jamón de Parma alrededor de la lanza de espárragos, enrollándolo para encerrar completamente la lanza en el jamón.
e) Saca el Grizzler del horno y coloca los espárragos envueltos.
f) Espolvorea el queso parmesano sobre los espárragos y regresa el Grizzler al horno.
g) Ase a la parrilla durante dos minutos por lado, o hasta que aparezcan marcas de parrilla en ambos lados.

9. Aderezo chisporroteante picante y caliente

Rinde: 1 porciones

INGREDIENTES:
- 4 tocino rebanado, cortado en cubitos
- ⅓ taza de salsa picante Pace
- ¼ taza de vinagre de vino tinto
- 2 cucharaditas de azúcar

a) Cocine el tocino en una sartén hasta que esté crujiente.

b) Agregue los ingredientes restantes y deje hervir, revolviendo constantemente.

c) Rocíe el aderezo caliente sobre ensaladas de espinacas o tomates en rodajas justo antes de servir.

10. Chisporroteador de patatas

INGREDIENTES:
- 2 papas medianas
- Aceite para freír
- 1 cebolla (picada)
- 3 Tomate (Pasta)
- 1 cucharada de pasta de ajo y jengibre
- 3 cucharadas de ketchup de chile y ajo
- 1 cucharada de salsa de soja
- 2 cucharadas de salsa picante de ajo
- Sal al gusto
- 1 cucharadita de chile rojo en polvo
- 1/4 taza de agua
- 4-5 cucharadas de aceite
- Hojas de cilantro las necesarias
- 1 chile verde picado

INSTRUCCIONES:
a) Pelar y lavar bien las patatas.
b) Ahora córtalos como papas fritas y lávalos bien para quitarles el almidón.
c) Caliente el aceite en una sartén para freír.
d) Freírlos hasta que estén bien cocidos.
e) Colar el aceite de ellos.
f) Ahora tome 3-4 cucharadas de aceite en una sartén y caliéntelo.
g) Agregue las cebollas picadas y cocine hasta que cambie de color.
h) Ahora agregue la pasta de jengibre y ajo y mezcle bien.
i) Ahora agregue la pasta de tomate y mezcle bien y cocine por un tiempo.
j) Agregue el chile rojo en polvo y mezcle bien.
k) Ahora agregue agua y mezcle bien hasta que tenga un aspecto de salsa.
l) Ahora agregue sal, salsa de soja y salsa de chile y mezcle bien.
m) Ahora agregue las hojas de cilantro y mezcle bien. Luego agregue la salsa de tomate con chile y ajo y mezcle bien.
n) Ahora agregue las papas y mezcle bien y cocine durante aproximadamente 2-3 mentas.
o) Reparta el sizzler de patatas en un bol.
p) Espolvorea hojas de cilantro y chiles verdes y sirve caliente con arroz frito.

11. Espinacas chisporroteantes

INGREDIENTES:
- 250 g de espinacas
- 2 cucharadas de besan
- 4 años
- 3 cebollas
- al gusto Sal
- Lo necesario Chile rojo
- según sea necesario Mango en polvo
- según necesidad Aceite

INSTRUCCIONES:
a) Tome aceite en una sartén y caliéntelo.
b) Ahora mezcle la espinaca, la papa, la cebolla, la sal, el chile, el mango en polvo.
c) Ahora haz la masa y dale forma chisporroteante. Freírlo. Está listo.

12. Ensalada De Frijoles Picantes

Rinde: 5 TAZAS (1.19 L)

INGREDIENTES:
- 4 tazas de frijoles cocidos (o 2 latas [de 15 onzas] (426 g), escurridas y enjuagadas)
- 1 papa mediana, hervida y cortada en cubitos
- ½ cebolla roja mediana, pelada y cortada en cubitos
- 1 tomate mediano, cortado en cubitos
- 1 pieza de raíz de jengibre, pelada y rallada o picada
- 2–3 chiles verdes tailandeses, serranos o de cayena, picados
- Jugo de 1 limón
- 1 cucharadita de sal negra
- 1 cucharadita de chaat masala
- ½ cucharadita de sal marina gruesa
- ½-1 cucharadita de chile rojo en polvo o cayena
- ¼ de taza (4 g) de cilantro fresco picado
- ¼ de taza (59 ml) de salsa picante de tamarindo y dátiles

INSTRUCCIONES:

a) En un tazón grande, mezcle todos los ingredientes excepto la salsa picante de tamarindo y dátiles.

b) Divida la ensalada en tazones pequeños y cubra cada uno con una cucharada de salsa picante de tamarindo y dátiles.

13. Coliflor asada y brócoli

Rinde: 8 TAZAS (1.90 L)

INGREDIENTES:
- 1 coliflor de cabeza grande, sin los floretes y cortado en trozos pequeños (3 tazas [300 g])
- 1 brócoli de cabeza grande, sin floretes y cortado en trozos pequeños (1 taza [100 g])
- 2 tazas (320 g) de tomates cherry
- 1 cucharada colmada de garam masala
- 2 cucharaditas de sal marina gruesa
- 2 cucharadas de aceite

INSTRUCCIONES:
a) Coloque una rejilla del horno en la posición más alta y precaliente el horno a 425 °F (220 °C). Cubra una bandeja para hornear con papel de aluminio para facilitar la limpieza.

b) Coloque la coliflor, el brócoli y los tomates en un tazón grande y espacioso.

c) Agregue el garam masala, la sal y el aceite. Mezcla suavemente.

d) Coloque la mezcla en la bandeja para hornear preparada. Cocine por 30 minutos, revolviendo una vez a la mitad del tiempo de cocción. Dejar enfriar un poco.

e) Sirva con arroz, relleno en una pita, o con roti o naan.

14. Poppers De Garbanzos

Rinde: 4 TAZAS (948 ML)

INGREDIENTES:
- 4 tazas de garbanzos cocidos o 2 latas de garbanzos de 12 onzas
- 1 cucharada de garam masala, chaat masala o sambhar masala
- 2 cucharaditas de sal marina gruesa 2 cucharadas de aceite
- 1 cucharadita de chile rojo en polvo, pimienta de cayena o paprika, y más para espolvorear

INSTRUCCIONES:

a) Coloque una rejilla del horno en la posición más alta y precaliente el horno a 425 °F (220 °C). Cubra una bandeja para hornear con papel de aluminio para facilitar la limpieza.

b) Escurra los garbanzos en un colador grande durante unos 15 minutos para eliminar la mayor cantidad de humedad posible. Si usa enlatados, enjuague primero.

c) En un tazón grande, mezcle suavemente todos los ingredientes.

d) Coloque los garbanzos sazonados en una sola capa en la bandeja para hornear.

e) Cocine por 15 minutos. Saca la bandeja del horno con cuidado, mezcla suavemente para que los garbanzos se cocinen uniformemente y cocina otros 10 minutos.

f) Dejar enfriar durante 15 minutos. Espolvorea con chile rojo en polvo, pimienta de cayena o paprika.

15. Ensalada de brotes de mung de mamá

Rinde: 2 TAZAS (474 ML)

INGREDIENTES:
- 1 taza (192 g) de lentejas verdes enteras germinadas
- 1 cebolla verde, picada
- 1 tomate pequeño, picado (½ taza [80 g])
- ½ pimiento rojo o amarillo pequeño, picado (¼ de taza [38 g])
- 1 pepino pequeño, pelado y picado
- 1 patata pequeña, hervida, pelada y picada
- 1 pieza de raíz de jengibre, pelada y rallada o picada
- 1 o 2 chiles verdes tailandeses, serranos o de cayena, picados
- ¼ de taza (4 g) de cilantro fresco picado
- Jugo de ½ limón o lima
- ½ cucharadita de sal marina
- ½ cucharadita de chile rojo en polvo o cayena
- ½ cucharadita de aceite

INSTRUCCIONES:

a) Combine todos los ingredientes y mezcle bien. Sirva como guarnición de ensalada o como refrigerio rápido, saludable y rico en proteínas.

b) Cosas dentro de una pita con un aguacate picado para un almuerzo rápido.

16. Ensalada De Tomate, Pepino Y Cebolla

Rinde: 5 TAZAS (1.19 L)

INGREDIENTES:
- 1 cebolla amarilla o roja grande, pelada y cortada en cubitos
- 4 tomates medianos, cortados en cubitos
- 4 pepinos medianos, pelados y cortados en cubitos
- 1–3 chiles verdes tailandeses, serranos o de cayena, picados
- Jugo de 2 limas
- ¼ de taza (4 g) de cilantro fresco picado
- 1 cucharadita de sal marina gruesa
- 1 cucharadita de sal negra
- 1 cucharadita de chile rojo en polvo o cayena

INSTRUCCIONES:

a) En un tazón grande combine todos los ingredientes y mezcle bien.

b) Sirva inmediatamente como guarnición de cualquier plato, o sirva con una guarnición de papas fritas como una salsa rápida y saludable. Tenga en cuenta que con la combinación de lima y tomates, esta ensalada no tiene una vida útil prolongada.

17. Ensalada callejera de garbanzos

Rinde: 5 TAZAS (1.19 L)

INGREDIENTES:
- 4 tazas (948 ml) de palomitas de garbanzo cocinadas con cualquier masala
- 1 cebolla amarilla o roja mediana, pelada y cortada en cubitos
- 1 tomate grande, cortado en cubitos
- Jugo de 2 limones
- ½ taza (8 g) de cilantro fresco picado
- 2–4 chiles verdes tailandeses, serranos o de cayena, picados
- 1 cucharadita de sal marina gruesa
- 1 cucharadita de sal negra
- 1 cucharadita de chile rojo en polvo o cayena
- 1 cucharadita de chaat masala
- ½ taza (119 ml) de salsa picante de menta
- ½ taza (119 ml) de salsa picante de tamarindo y dátiles
- 1 taza (237 ml) de yogur de soya raita

INSTRUCCIONES:
a) En un recipiente hondo, mezcle las paletas de garbanzos, la cebolla, el tomate, el jugo de limón, el cilantro, los chiles, la sal marina, la sal negra, el chile rojo en polvo y el chaat masala.
b) Divida la mezcla entre tazones individuales para servir.
c) Cubra cada tazón con una cucharada de salsa picante de menta y tamarindo y dátiles y una raita de yogur de soya. Servir inmediatamente.

18. Ensalada de Maíz Callejero

Rinde: 4 TAZAS (948 ML)

INGREDIENTES:
- 4 mazorcas de maíz, descascaradas y limpias
- Jugo de 1 limón mediano
- 1 cucharadita de sal marina gruesa
- 1 cucharadita de sal negra
- 1 cucharadita de chaat masala
- 1 cucharadita de chile rojo en polvo o cayena

INSTRUCCIONES:
a) Asar el maíz hasta que esté ligeramente carbonizado.
b) Retire los granos del maíz.
c) Coloque los granos de maíz en un tazón y mezcle todos los demás ingredientes. Servir inmediatamente.

19. Ensalada Crujiente De Zanahorias

Rinde: 5 TAZAS (1.19 L)

INGREDIENTES:
- ½ taza (96 g) de lentejas verdes partidas y sin piel
- 5 tazas (550 g) de zanahorias peladas y ralladas
- 1 daikon mediano, pelado y rallado
- ¼ de taza (40 g) de maní crudo, tostado seco
- ¼ de taza (4 g) de cilantro fresco picado
- Jugo de 1 limón mediano
- 2 cucharaditas de sal marina gruesa
- ½ cucharadita de chile rojo en polvo o cayena
- 1 cucharada de aceite
- 1 cucharadita colmada de semillas de mostaza negra
- 6–7 hojas de curry, picadas en trozos grandes
- 1 o 2 chiles verdes tailandeses, serranos o de cayena, picados

INSTRUCCIONES:

a) Remoje las lentejas en agua hervida durante 20 a 25 minutos, hasta que estén al dente. Drenar.

b) Coloque las zanahorias y el daikon en un recipiente hondo.

c) Agregue las lentejas escurridas, los cacahuates, el cilantro, el jugo de limón, la sal y el chile rojo en polvo.

d) En una sartén pesada y poco profunda, caliente el aceite a fuego medio-alto.

e) Agregue las semillas de mostaza. Cubra la sartén (para que no salten y lo quemen) y cocine hasta que las semillas chisporroteen, aproximadamente 30 segundos.

f) Agregue con cuidado las hojas de curry y los chiles verdes.

g) Vierta esta mezcla sobre la ensalada y mezcle bien. Sirva inmediatamente o refrigere antes de servir.

20. Chaat de granada

Rinde: 3 TAZAS

INGREDIENTES:
- 2 granadas grandes, sin semillas (3 tazas [522 g])
- ½–1 cucharadita de sal negra

INSTRUCCIONES:
a) Mezclar las semillas con la sal negra.
b) Disfrútelo inmediatamente o refrigérelo hasta por una semana.

21. Ensalada De Fruta Masala

Rinde: 9–10 TAZAS

INGREDIENTES:
- 1 melón maduro mediano, pelado y cortado en cubitos (7 tazas [1,09 kg])
- 3 plátanos medianos, pelados y rebanados
- 1 taza (100 g) de uvas sin semillas
- 2 peras medianas, sin corazón y cortadas en cubitos
- 2 manzanas pequeñas, sin corazón y cortadas en cubitos (1 taza [300 g])
- Jugo de 1 limón o lima
- ½ cucharadita de sal marina gruesa
- ½ cucharadita de chaat masala
- ½ cucharadita de sal negra
- ½ cucharadita de chile rojo en polvo o cayena

INSTRUCCIONES:
a) En un tazón grande, mezcle suavemente todos los ingredientes.
b) Servir inmediatamente a la manera tradicional de la comida callejera, en cuencos pequeños con palillos.

22. Ensalada De Naranja

Rinde: 3½ TAZAS (830 ML)

INGREDIENTES:
- 3 naranjas medianas, peladas, sin semillas y cortadas en cubitos (3 tazas [450 g])
- 1 cebolla amarilla o roja pequeña, pelada y picada
- 10-12 aceitunas Kalamata negras, sin hueso y picadas
- ¼ de taza (4 g) de cilantro fresco picado
- Jugo de 2 limas medianas
- ½ cucharadita de sal marina gruesa
- ½ cucharadita de sal negra
- ½ cucharadita de garam masala
- ½ cucharadita de pimienta negra molida
- ¼ de cucharadita de chile rojo en polvo o cayena

INSTRUCCIONES:
a) Mezcle suavemente todos los ingredientes. Refrigere por lo menos 30 minutos antes de servir.

23. Ensalada de la huerta a la parrilla

Rinde: 6 Porciones

INGREDIENTES:

- 2 tomates moderados, sin semillas y cortados en cubitos
- 1 calabacín moderado, cortado en cubitos
- 1 taza de maíz en grano entero congelado, descongelado
- 1 aguacate maduro pequeño, pelado, sin semillas y cortado en cubitos gruesos
- ⅓ taza de cebollas verdes finamente segmentadas con tapas
- ⅓ taza de salsa picante Pace
- 2 cucharadas de aceite vegetal
- 2 cucharadas de cilantro o perejil fresco picado
- 1 cucharada de jugo de limón o lima
- ¾ cucharadita de sal de ajo
- ¼ de cucharadita de comino molido

INSTRUCCIONES:

a) Mezcle los tomates, el calabacín, el maíz, el aguacate y las cebollas verdes en un plato grande.

b) Mezcla los ingredientes restantes; mezclar bien. Vierta sobre la mezcla de vegetales; mezcle suavemente. Enfríe durante 3-4 horas, revolviendo ocasionalmente suavemente.

c) Revuelva suavemente y sirva frío o a temperatura ambiente con Salsa Pace Picante adicional.

24. Espárragos y tomates a la parrilla

Rinde: 1 Porción

INGREDIENTES:

- 12 onzas de espárragos, recortados
- 6 tomates maduros, cortados a la mitad
- 3 cucharadas de aceite de oliva
- Sal y pimienta
- 1 diente de ajo picado
- 1 cucharada de mostaza
- 3 cucharadas de vinagre balsámico
- ⅓ taza de aceite de oliva
- Sal y pimienta

INSTRUCCIONES:

a) Caliente la parrilla a fuego moderado-alto. En un plato grande mezcle los espárragos con aceite de oliva y sal y pimienta. Cepille los tomates con el aceite de oliva restante en el plato.

b) Asa los espárragos y los tomates, por separado, hasta que estén tiernos pero sin desmoronarse.

c) En un plato Mezcle el ajo, la mostaza, el vinagre balsámico y el aceite de oliva con un batidor o una batidora de mano. Sazone al gusto con sal y pimienta

d) Servir las verduras a la parrilla bañadas con vinagreta.

25. Ensalada caribeña a la parrilla con chili

Rinde: 2 Porciones

INGREDIENTES:

- ¼ taza de mostaza Dijon
- ¼ taza de miel
- 1½ cucharada de azúcar
- 1 cucharada de aceite de sésamo
- 1½ cucharada de vinagre de sidra de manzana
- 1½ cucharadita de jugo de limón
- 2 tomates moderados, cortados en cubitos
- ½ taza de cebolla española, picada
- 2 cucharaditas de chile jalapeño
- 2 cucharaditas de cilantro, finamente picado
- pizca de sal
- 4 mitades de pechuga de pollo; sin hueso y sin piel
- ½ taza de salmuera Teriyaki
- 4 tazas de lechuga iceberg, cortada en cubitos
- 4 tazas de lechuga de hoja verde, cortada en cubitos
- 1 taza de repollo rojo, cortado en cubitos
- 1 lata de trozos de piña en jugo
- 10 totopos

INSTRUCCIONES:

a) Prepara el aderezo mezclando todos los ingredientes en un plato pequeño con una batidora eléctrica. Cubra y enfríe.

b) Haz el Pico de Gallo combinando todos los ingredientes en un plato pequeño. Cubra y enfríe.

c) Marinar el pollo en el teriyaki durante al menos 2 horas. Coloque el pollo en la bolsa y vierta la salmuera, luego mézclelo en el refrigerador.

d) Prepara la barbacoa o calienta una parrilla de estufa. Asa el pollo de 4 a 5 minutos por lado o hacia arriba hasta que esté cocido.

e) Mezcle la lechuga y el repollo, y luego divida las verduras en 2 platos grandes de ensalada de porciones individuales.

f) Divide el pico de gallo y viértelo en 2 porciones iguales sobre las verduras.

g) Divide la piña y salpícala sobre las ensaladas.

h) Rompa los chips de tortilla en trozos grandes y salpique la mitad en cada ensalada.

i) Segmente las pechugas de pollo a la parrilla en tiras finas y distribuya la mitad de las tiras en cada ensalada.

j) Vierta el aderezo en 2 platos pequeños y sirva con las ensaladas.

26. Ensalada de rúcula y verduras a la plancha

Rinde: 8 Porciones

INGREDIENTES:

- 1½ taza de aceite de oliva
- ¼ taza de jugo de limón
- ¼ taza de vinagre balsámico
- ¼ taza de hierbas frescas
- 4 chorritos de salsa tabasco
- Sal y pimienta para probar
- 2 pimientos rojos; reducido a la mitad
- 3 tomates ciruela; reducido a la mitad
- 2 cebollas moradas moderadas
- 1 berenjena pequeña; Segmentado de 1/2" de espesor
- 10 champiñones
- 10 patatas rojas pequeñas; cocido
- ⅓ taza de aceite de oliva
- Sal y pimienta para probar
- 3 manojos de rúcula; lavado y secado
- 1 libra de mozzarella; finamente segmentado
- 1 taza de aceituna negra; deshuesado

INSTRUCCIONES:

a) En un plato moderado, mezcle el aceite de oliva, el jugo de limón, el vinagre, las hierbas, la salsa tabasco, la sal y la pimienta; luego mezcle bien. Dejar de lado.

b) Coloque los pimientos, los tomates, la cebolla, la berenjena, los champiñones y las papas en un plato muy grande. Agrega el aceite de oliva, la sal y la pimienta; luego mezcle bien para cubrir las verduras con el aceite. Asa las verduras a fuego moderado hasta que estén bien doradas, de 4 a 6 minutos por cada lado. Retire de la parrilla y, tan pronto como se enfríe lo suficiente como para manipularlo, córtelo en trozos pequeños.

c) Haga una cama de rúcula en un plato grande y poco profundo. Coloque las verduras asadas encima de la rúcula, cubra con la mozzarella y las aceitunas y sirva con el aderezo.

27. Ensalada de cordero y habas a la parrilla

Rinde: 4 Porciones

INGREDIENTES:
- 2 pimientos rojos
- ¾ taza de aceite de oliva
- ¼ taza de vinagre balsámico
- 1 cucharada de ajo; picado
- ¼ taza de albahaca; finamente picado
- Sal y pimienta para probar
- 1 taza de habas; sin cáscara
- 1 libra de cordero; cubos de 1/2"
- 1 manojo de rúcula; lavado y secado
- 1 tomate grande; cortado en cubitos

INSTRUCCIONES:

a) Asa los pimientos al fuego, enrollándolos para que se cocinen uniformemente, hasta que la piel esté muy oscura y ampollada. Retirar de la parrilla, meter en una bolsa de papel marrón, cerrar la bolsa y dejar que los pimientos se enfríen en la bolsa durante 20 minutos. Sacar de la bolsa, quitar la piel y sacar las semillas y los tallos.

b) Coloque los pimientos en un procesador de alimentos o batidora y, con el motor aún en marcha, agregue el aceite de oliva en un chorro constante. Agregue el vinagre balsámico, el ajo y la albahaca, y luego pulse para mezclar.

c) Sazone con sal y pimienta y luego reserve.

d) En una cacerola moderada, hierva 2 tazas de agua con sal. Agregue las habas y cocine hasta que estén tiernas pero no blandas, de 12 a 15 minutos. Escurrir, sumergir en agua fría para detener la cocción, escurrir de nuevo y colocar en un plato grande.

e) Mientras tanto, sazone el cordero con sal y pimienta al gusto, pinche en brochetas y cocine a fuego lento durante 3 a 4 minutos por cada lado.

f) Retire del fuego y deslice las brochetas.

g) Agregue el cordero, la rúcula y el tomate al plato que contiene las habas. Revuelve muy bien el aderezo, agrega lo suficiente para humedecer los ingredientes, mezcla bien y sirve.

28. Ensalada de arroz y aguacate

Rinde: 4 Porciones

INGREDIENTES:

- 1 taza de arroz Wehani
- 3 tomates ciruela maduros; sin semillas y cortado en cubitos
- ¼ taza de cebolla morada picada
- 1 chile jalapeño pequeño; sin semillas y cortado en cubitos
- ¼ taza de cilantro finamente picado
- ¼ taza de aceite de oliva virgen extra
- 1 cucharada de jugo de lima
- ⅛ cucharadita de semilla de apio
- Sal y pimienta; probar
- 1 aguacate maduro
- Verduras mixtas para bebés

INSTRUCCIONES:

a) Cocine el arroz Wehani de acuerdo con las INSTRUCCIONES: en el paquete

b) Extender sobre una bandeja para hornear para que se enfríe.

c) En un plato grande, mezcle el arroz con los tomates, la cebolla morada, el chile jalapeño y el cilantro. Agregue aceite de oliva virgen extra, jugo de lima y semillas de apio. Condimentar con sal y pimienta

d) Para servir, pela y trocea el aguacate. Arregle los segmentos sobre verduras tiernas mixtas.

e) Vierta la ensalada de arroz Wehani sobre los aguacates. Adorne con verduras asadas, si lo desea.

29. Arroz integral y vegetales a la parrilla

Rinde: 6 Porciones

INGREDIENTES:

- 1½ taza de arroz integral
- 4 de cada calabacín, cortados por la mitad a lo largo
- 1 cebolla roja grande, cortada transversalmente en 3 segmentos gruesos
- ¼ taza de aceite de oliva, más...
- ⅓ taza de aceite de oliva
- 5 cucharadas de salsa de soja
- 3 cucharadas de salsa Worcestershire
- 1½ taza de astillas de madera de mezquite remojadas en agua fría durante 1 hora
- 2 tazas de granos de maíz frescos
- ⅔ taza de jugo de naranja fresco
- 1 cucharada de jugo de limón fresco
- ½ taza de perejil italiano picado

INSTRUCCIONES:

a) Cocine el arroz en una olla grande con agua hirviendo con sal hasta que esté tierno, aproximadamente 30 minutos.

b) Escurrir bien. Dejar enfriar a temperatura ambiente.

c) Mezcle ¼ de taza de aceite, 2 cucharadas de salsa de soya y 2 cucharadas de salsa Worcestershire; vierta sobre los gajos de calabacín y cebolla en un plato hondo. Deje marinar durante 30 minutos, rotando las verduras una vez durante este tiempo.

d) Barbacoa lista (fuego moderado-alto). Cuando las brasas se vuelvan blancas, escurra las astillas de mezquite (si las usa) y espárzalas sobre las brasas. Cuando los chips comiencen a humear, coloque la cebolla y el calabacín en la parrilla, sazone con sal y pimienta.

e) Tape y cocine hasta que estén tiernos y dorados (alrededor de 8 minutos), girándolos ocasionalmente y cepillándolos con salmuera. Saque las verduras de la parrilla.

f) Corte los segmentos de cebolla en cuartos y el calabacín en trozos de 1 pulgada. Coloque en un plato de porción con arroz y maíz enfriados.

g) Batir el jugo de naranja, el jugo de limón, ⅓ de taza de aceite, 3 cucharadas de salsa de soya y 1 cucharada de salsa Worcestershire. Vierta 1 taza de aderezo sobre la ensalada y mezcle para Mezclar. Agregue el perejil y sazone con sal y pimienta.

h) Sirva la ensalada con aderezo adicional a un lado.

30. Ensalada de manzana y mango con pollo a la parrilla

Rinde: 4 Porciones

INGREDIENTES:
- 2 cucharadas de vinagre de vino de arroz
- 1 cucharada de cebollín fresco; cortado en cubitos
- 1 cucharadita de jengibre fresco; rallado
- ½ cucharadita de sal
- ¼ de cucharadita de pimienta recién molida
- 1 cucharada de aceite de girasol
- ½ cucharadita de sal
- ¼ de cucharadita de pimienta recién molida
- ¼ de cucharadita de comino
- 1 pizca de pimiento rojo molido
- 4 sin hueso; mitades de pechuga de pollo sin piel
- Aerosol vegetal para cocinar
- 8 tazas de ensalada de verduras mixtas
- 1 mango grande; pelado y segmentado
- 2 manzanas Golden Delicious; pelado, sin corazón, finamente segmentado
- ¼ taza de semillas de girasol
- Pan plano de sésamo; (opcional)

INSTRUCCIONES:

a) Prepare vinagreta de jengibre: mezcle vinagre, cebollino, jengibre, sal y pimienta en un plato pequeño; agregue gradualmente el aceite. Rinde ¼ de taza.

b) Mezcla la sal, la pimienta, el comino y el pimiento rojo en una taza. salpique por ambos lados del pollo. Cubra ligeramente una parrilla pesada o una plancha de hierro fundido con aceite vegetal en aerosol

c) Caliente de 1 a 2 minutos a fuego moderado-alto

d) Cocine el pollo de 5 a 6 minutos por lado, hasta que esté bien cocido.

e) Mezcle los segmentos de verduras, mango y manzana con 3 cucharadas de aderezo. Distribuya la ensalada en 4 platos llanos individuales.

f) Segmenta el pollo y divídelo uniformemente sobre las verduras; rocíe la cucharada restante de aderezo sobre el pollo. rocíe 1 cucharada de semillas de girasol sobre cada ensalada.

g) Sirva con pan plano de sésamo, si lo desea.

31. Ensalada de pollo y garbanzos a la plancha

Rinde: 4 Porciones

INGREDIENTES:
- 2 cucharadas de ajo picado
- 2 cucharadas de jengibre fresco; pelado y rallado
- 1 cucharadita de comino molido
- ½ cucharadita de sal
- ¼ cucharadita de pimienta roja molida
- 4 mitades de pechuga de pollo sin piel y sin hueso
- 2 latas (15 onzas) de garbanzos; enjuagado y escurrido
- ½ taza de yogur natural
- ½ taza de crema agria
- 1 cucharada de curry en polvo
- 1 cucharada de jugo de limón
- ½ cucharadita de sal
- 1 pimiento rojo; cortado en cubitos
- ¼ taza de cebolla morada; cortado en cubitos
- 2 chiles jalapeños; sin semillas y picado
- 2 cucharadas de cilantro fresco; cortado en cubitos
- 2 cucharadas de menta fresca; cortado en cubitos
- 3 tazas de espinacas frescas; rasgado
- 3 tazas de lechuga bibb de punta roja; rasgado
- 2 cucharadas de jugo de limón
- 1 cucharada de aceite de curry caliente

INSTRUCCIONES:

a) Mezcla los primeros 5 ingredientes; salpique por todos los lados de las pechugas de pollo.

b) Cubra y enfríe durante 1 hora.

c) Mezcle los garbanzos y los siguientes 10 ingredientes, cubra y enfríe. Pollo a la parrilla, cubierto con la tapa de la parrilla, a fuego moderado-alto (350° a 400°) durante 5 minutos por cada lado. Cortar en segmentos de ½ pulgada de espesor. Manténgase caliente. Mezcle las espinacas y la lechuga en un plato grande.

d) Batir el jugo de limón y el aceite de curry; salpique sobre las verduras y mezcle suavemente. Distribuya uniformemente en 4 platos de porción; cubra uniformemente con ensalada de garbanzos y una pechuga de pollo segmentada. Rinde: 4 Porciones.

CHORRITOS VEGANOS

32. Tofu crujiente con salsa chispeante de alcaparras

Hace 4 porciones

- 1 libra de tofu extra firme, escurrido, cortado en rebanadas de 1/4 de pulgada y prensado
- Sal y pimienta negra recién molida
- 2 cucharadas de aceite de oliva, y más si es necesario
- 1 chalota mediana, picada
- 2 cucharadas de alcaparras
- 3 cucharadas de perejil fresco picado
- 2 cucharadas de margarina vegana
- Jugo de 1 limón

INSTRUCCIONES:

a) Precaliente el horno a 275°F. Seque el tofu y sazone con sal y pimienta al gusto. Coloque la maicena en un recipiente poco profundo. Reboza el tofu en la maicena, cubriendo todos los lados.

b) En una sartén grande, caliente 2 cucharadas de aceite a fuego medio. Agregue el tofu, en lotes si es necesario, y cocine hasta que esté dorado por ambos lados, aproximadamente 4 minutos por lado. Transfiera el tofu frito a una fuente resistente al calor y manténgalo caliente en el horno.

c) En la misma sartén, caliente la cucharada restante de aceite a fuego medio. Agregue la chalota y cocine hasta que se ablande, aproximadamente 3 minutos.

d) Agregue las alcaparras y el perejil y cocine por 30 segundos, luego agregue la margarina, el jugo de limón y sal y pimienta al gusto, revolviendo para derretir e incorporar la margarina.

e) Cubra el tofu con salsa de alcaparras y sirva inmediatamente.

33. Tempeh a la parrilla

Rinde: 4 porciones

INGREDIENTES:
- 2 cucharadas de salsa de soya
- Tempeh de 1 libra, cortado en barras de 2 pulgadas
- 2 cucharadas de aceite de oliva
- 1 cebolla mediana, picada
- 1 pimiento rojo mediano, picado
- 2 dientes de ajo, picados
- Lata de tomates de 14.5 onzas
- 2 cucharadas de melaza oscura
- 1 cucharada de azúcar
- 1/2 cucharadita de sal
- 1/4 cucharadita de pimienta de Jamaica molida
- 1/4 cucharadita de cayena molida
- 2 cucharadas de vinagre de sidra de manzana
- 2 cucharaditas de mostaza marrón picante

INSTRUCCIONES:

a) En una olla con agua hirviendo, cocina el tempeh durante 30 minutos.

b) Caliente el aceite en una cacerola grande a fuego medio y cocine la cebolla, el pimiento y el ajo durante 4 minutos o hasta que se ablanden.

c) Llevar a ebullición con los tomates, la melaza, el vinagre, la salsa de soja, la mostaza, el azúcar, la sal, la pimienta de Jamaica y la pimienta de cayena.

d) Cocine a fuego lento durante 20 minutos.

e) Caliente la cucharada restante de aceite y cocine el tempeh durante 10 minutos o hasta que el tempeh esté dorado.

f) Agregue suficiente salsa para cubrir el tempeh por completo.

g) Tape y cocine por 15 minutos para mezclar los sabores. Sirva de inmediato.

34. Tofu a la parrilla con glaseado de tamarindo

Hace 4 porciones

INGREDIENTES:
- 2 chalotes, picados
- Pizca de sal
- 2 cucharadas de aceite de oliva
- 1 libra de tofu extra firme
- 2 dientes de ajo, picados
- 2 tomates maduros, picados en trozos grandes
- 2 cucharadas de salsa de tomate
- 1/4 taza de agua
- 2 cucharadas de mostaza Dijon
- 1 cucharada de azúcar moreno
- 2 cucharadas de concentrado de tamarindo
- 1 cucharada de melaza oscura
- 1/2 cucharadita de cayena molida
- 1 cucharada de pimentón ahumado
- 2 cucharadas de néctar de agave
- 1 cucharada de salsa de soja
- Una pizca de pimienta negra molida

INSTRUCCIONES:

a) Corta el tofu en rebanadas de 1 pulgada, sazona al gusto con sal y pimienta y colócalo en un molde para hornear poco profundo.

b) Caliente el aceite en una cacerola grande a fuego medio. Saltee durante 2 minutos con los chalotes y el ajo.

c) Mezcle los ingredientes restantes (excepto el tofu) y luego cocine a fuego lento durante 15 minutos. Retire del fuego y haga puré hasta que esté perfectamente suave.

d) Regrese a la olla y cocine a fuego lento durante 15 minutos adicionales.

e) Precalentar la parrilla o el asador del horno.

f) Asa el tofu marinado, girando una vez.

g) Retire el tofu de la parrilla y cubra ambos lados con salsa de tamarindo antes de servir.

35. Zumo de Naranja Tofu Marinado en Brochetas

Rinde: 4 porciones

INGREDIENTES
- 1 libra de tofu firme, cortado por la mitad y escurrido
- 16 hongos shiitake
- 1 rábano daikon grande
- 1 de cada cabeza de bok choy

SALMUERA
- ½ taza de salsa de soya
- ½ taza de jugo de naranja
- 2 cucharadas de vinagre de arroz
- 2 cucharadas de aceite de maní
- 1 cucharada de aceite de sésamo oscuro
- 2 cucharadas de jengibre fresco, picado
- ¼ de cucharadita de chile picante, picado

INGREDIENTES:
a) Batir todos los ingredientes de la salmuera.
b) Marinar los champiñones, el daikon y los tallos de bok choy.
c) Dobla los lados de cada hoja hacia el centro y enróllala desde la parte superior.
d) Ensarte alternativamente la hoja, los champiñones, el tofu, el daikon y el tallo de la col china en brochetas de madera.
e) Ase las brochetas durante 12 a 15 minutos en una parrilla cerrada, girando a la mitad para garantizar una cocción uniforme.

36. Café tofu a la parrilla

Rinde: 4 porciones

INGREDIENTES
- 1 libra de tofu
- ¼ taza de tamari
- 1 cucharadita de jengibre, fresco; picado
- pizca de pimienta, cayena
- ¼ taza de mirin

INSTRUCCIONES:
a) Combine mirin, tamari, jengibre y pimienta de cayena.
b) Marinar el tofu en la mezcla durante al menos una hora o toda la noche.
c) Asa el tofu sobre las brasas hasta que esté ligeramente dorado.

37. tofu de soja a la parrilla

Hace: 1 porción

INGREDIENTES
- 4 cebolletas
- 1 bloque de tofu firme, cortado en 3/4"

MEZCLA DE SALMUERA
- 2 cucharaditas de ajo
- 2 cucharadas de jengibre fresco
- 3 cucharadas de aceite de oliva o canola
- ½ taza de salsa de soya
- 2 cucharadas de azúcar moreno
- 2 cucharaditas de aceite de sésamo tostado
- ¼ de cucharadita de Hojuelas de Chile Rojo
- ⅓ lb. Hongos Crimini o Shiitake
- 1 pimiento rojo
- 1 cebolla roja o amarilla

INSTRUCCIONES:

a) Para preparar la salmuera, triture las cebolletas, el ajo y el jengibre en un procesador de alimentos o una batidora hasta que estén finamente picados.

b) Sofríe la mezcla de cebolletas en un poco de aceite durante uno o dos minutos, mientras revuelves la salsa de soya y el azúcar.

c) Retire del fuego y deje que se enfríe un poco antes de agregar el aceite de sésamo y las hojuelas de chile rojo.

d) Reduzca el fuego y vierta sobre los cubos de tofu, marinando durante al menos 1 hora y hasta 4 horas.

e) Brocheta de tofu marinado, champiñones, pimientos y cebollas.

f) Cepille las verduras con la salmuera restante y cocine a la parrilla hasta que estén crujientes y tiernas.

40. Brochetas de tofu con especias indias

Hace: 1 porción

INGREDIENTES
- 3 paquetes de tofu, cortado en cuadritos
- Jugo 2 limones
- Sal y pimienta
- 1 cebolla roja
- 2 cucharadas de cilantro picado
- 1 pepino pequeño; pelado
- 4 panes de pita, ligeramente asados
- 1 tarrina de yogur natural
- Aceite de cacahuete para freír
- 1 cucharada de semillas de comino
- 1 cucharada de pimentón
- 2 chiles rojos
- 1 trozo pequeño de jengibre
- 3 cucharadas de yogur
- 2 cucharadas de cúrcuma
- 1 cucharada de garam masala
- 1 cucharada de semillas de cilantro

INSTRUCCIONES:

a) Muela todas las especias juntas en un molinillo de café y luego agregue el yogur, la sal y el jugo de limón.

b) Marinar el tofu en la mezcla de especias y luego pinchar con brochetas de bambú.

c) Pica finamente la cebolla roja y el pepino y combínalos con el cilantro. Sazone con sal y pimienta al gusto

d) En una pequeña cantidad de aceite de maní, dore las brochetas de tofu por todos lados.

e) Sirva con pan pita a la parrilla, yogur y la mezcla de cebolla roja.

41. Pimientos rellenos de tofu a la parrilla

Rinde: 4 porciones

INGREDIENTE
- 4 pimientos verdes grandes
- 1 cebolla grande; cortado en cubitos
- 3 dientes de ajo; picado
- 12 onzas de tofu; desmoronado
- 2 cucharaditas de aceite de oliva; tal vez triplicado
- 8 onzas de champiñones segmentados
- 4 tomates romanos
- 1 cucharadita de mejorana fresca picada
- ½ cucharadita de sal; o más al gusto
- 1 cucharada de salsa de soja
- 14 onzas de tomates guisados
- 1 taza de arroz integral cocido
- ½ taza de agua
- Pimienta negra recién molida
- Queso parmesano o crema agria para decorar
- 1 cucharadita de orégano fresco

INSTRUCCIONES:

a) Calienta la parrilla a fuego medio-alto.

b) Ase los pimientos durante 5 minutos, volteándolos cada 2 minutos, hasta que estén ligeramente carbonizados pero no demasiado blandos.

c) Dore la cebolla, el ajo y el tofu en aceite de oliva en una plancha grande a la parrilla durante 4 a 5 minutos.

d) En una sartén, combine los champiñones, los tomates, la mejorana, la sal y el orégano.

e) Agregue la salsa de soya, los tomates y el arroz a un tazón para mezclar.

f) Vierta esta mezcla en cada pimiento, presionando suavemente hacia abajo con una cuchara para hacer espacio adicional para el relleno.

g) Rellene una cuarta parte del tomate Roma sobrante en la parte superior de cada pimiento.

h) Cubre los pimientos en una fuente para horno con la mezcla de tomate restante.

i) Cubra con papel aluminio y agregue el agua y la pimienta negra.

j) Precaliente la parrilla y cocine los pimientos durante 20 a 25 minutos, o hasta que estén tiernos.

k) Vierta la salsa restante sobre los pimientos y sirva.

42. Sizzler Con Salsa Picante Y Agria

Marcas: 2

INGREDIENTES
PARA LA SALSA SORPRESA
- ⅓ taza de vinagre de arroz
- 1½ cucharada de mirin
- ¼ taza de salsa de soya ligera
- 1½ cucharada de maicena
- 2 cucharadas de agua
- 2 cucharadas de Sriracha o sambal oelek
- 1½ cucharadita de azúcar moreno
- 1½ cucharada de jengibre finamente picado
- 4 dientes de ajo, picados
- 1½ cucharadas de cebollas verdes finamente picadas
- 2 cucharaditas de hojuelas de chile Kashmiri picadas
- Una pizca de granos de pimienta de Sichuan

PATATAS DULCES FRITAS
- 2-3 batatas medianas
- 1 – 2 cucharadas de aceite de oliva o aceite de aguacate
- 1 – 2 cucharadas de harina de maíz (según sea necesario)
- ½ cucharadita de sal marina fina
- buen crack de pimienta negra

PARA EL CHISPEDOR
- 1 taza de arroz negro o integral
- 1 – 2 cucharadas de aceite de sésamo
- 2 tazas de verduras picadas de elección
- Tofu firme como la seda o extra firme
- hojas de col (para forrar el plato chisporroteante)
- mantequilla (para engrasar la placa chisporrotea)

INSTRUCCIONES
PREPARAR LA SALSA CHISPAS

a) Batir el vinagre de arroz, la salsa de soja, el mirin y la Sriracha (o sambal oelek). Agrega la harina de maíz, el agua y el azúcar y bate enérgicamente hasta que se haya disuelto por completo.

b) Caliente una cucharada de aceite en una sartén grande. Saltee las cebollas picadas hasta que se vuelvan transparentes. Agregue el ajo, el jengibre, los granos de pimienta y los chiles picados y saltee hasta que estén fragantes.

c) Receta de salsa picante y agria

d) Agregue la mezcla a base de vinagre y revuelva, cocinando hasta que la salsa espese.

e) Pruebe y ajuste según sus preferencias (puede agregar más azúcar si lo desea más dulce; una pizca más de Sriracha/ sambal oelek si lo prefiere más picante. También puede agregar un chorrito de agua si necesita diluir el baje un poco la salsa hasta obtener una consistencia vertible.Retire del fuego.

HORNEAR LAS PATATAS FRITAS DULCES

f) Precalentar el horno a 180C. Cubra una bandeja para hornear grande con papel pergamino, engrasando bien para asegurarse de que las papas fritas no se peguen a la sartén.

g) Limpia y pela las batatas, cortándolas en forma de papas fritas (alrededor de ¼" de ancho y ¼" de grosor). Asegúrate de que sean de un tamaño similar (para que se horneen uniformemente).

h) Agregue las papas fritas a un tazón para mezclar. Rocíe con aguacate o aceite de oliva, sal marina de harina de maíz y una pizca de pimienta negra, mezcle hasta que las papas fritas estén cubiertas de manera ligera y uniforme.

i) Coloque las papas fritas en una sola capa (no las amontone en la bandeja para hornear) y hornee durante 20 a 30 minutos más o menos, retire la bandeja a la mitad y gírela antes de volver a colocarla en el horno para terminar de hornear de manera uniforme. a través de. Retire una vez que las papas fritas estén crujientes y horneadas a la perfección dorada. Dejar de lado.

j) PREPARA TODO LO DEMÁS

k) Cocine el arroz negro o integral de acuerdo con las instrucciones del paquete.

l) Caliente una cucharada de aceite de sésamo en una sartén antiadherente, agregando lentamente las verduras. Saltee hasta que esté cocido pero con un bocado firme, antes de sazonar con sal y pimienta al gusto.

m) Si agrega tofu: caliente la cucharada restante de aceite de sésamo en otra sartén. Cubre el tofu con un poco de harina de maíz y fríelo hasta que esté firme y dorado por ambos lados.

MONTARLO TODO JUNTO

n) Engrasa tu sartén con mantequilla y cúbrela con hojas de col antes de calentarla a fuego lento. Mientras se calienta, coloque el arroz, las verduras, las batatas fritas al horno y el tofu.

o) Caliente la salsa chisporroteante.

p) Una vez que la sartén chisporroteante esté muy caliente, vierta sobre la salsa chisporroteante. Apague el gas y agregue un poco más de mantequilla derretida a lo largo de los lados de la sartén para obtener un chisporroteo adicional.

q) Levantar la fuente con mucho cuidado, colocarla sobre la bandeja de madera y servir inmediatamente.

r) la mejor receta chisporroteante

CORTADORA DE AVES

43. Pollo salteado con miel de soja

Rinde: 4 porciones

INGREDIENTES:
- 200 gramos de fideos chinos
- ½ taza de aceite; (120ml)
- ¼ taza de cebolleta rallada; (50 gramos)
- ¼ taza de repollo rallado; (50 gramos)
- ¼ taza de pimiento rallado; (50 gramos)
- ¼ taza de zanahoria rallada; (50 gramos)
- 1½ taza de pollo deshuesado; hervido y triturado
- 10 mililitros de salsa de soja
- 25 mililitros Miel
- Sal al gusto
- 4 chiles verdes; picado fino
- 200 gramos de fideos; frito

INSTRUCCIONES:

a) Para preparar el nido: HERVIR y escurrir los fideos. Tome dos tazas (tazones) con agujeros porosos.

b) Coloque los fideos entre las dos tazas de manera uniforme. Presiónalo y sumérgelo en el aceite caliente. Freír hasta que los fideos se doren.

c) Retire del aceite y golpee suavemente los fideos fuera de la taza. Mantenga los nidos en forma de copa a un lado.

d) Calentar el aceite en una sartén o wok. Agregue la cebolleta, el repollo, el pimiento y la zanahoria. saltear bien. Agregue el pollo desmenuzado y saltee hasta que esté listo. Sazone con salsa de soya, miel, sal y chiles verdes picados.

e) Coloque los fideos fritos en el nido y colóquelos en un chisporroteo caliente junto con el pollo salteado y el maíz tierno y las cebolletas salteadas. Servir caliente.

44. Sizzler De Pollo A Las Hierbas

INGREDIENTES:
MARINADO DE POLLO:
- 500 Gramos de Pollo Deshuesado, en cubos
- 1 cucharada de pasta de ajo
- 1 cucharada de pasta de jengibre
- 1/4 taza de yogur natural griego

CHILE EN POLVO AL GUSTO
- 2 cucharadas de chile rojo Kashmiri en polvo
- 1 cucharada de cilantro en polvo
- 1 cucharada de comino en polvo
- Sal al gusto
- 1/4 taza de perejil fresco picado
- 1/4 taza de albahaca fresca picada

PARA SERVIR:
- Mezclar verduras hervidas Un poco de jugo de limón o lima

OTROS:
- plato chisporroteante
- brochetas
- Aceite para cepillar

INSTRUCCIONES:
a) Pinchar el pollo en cubos y marinar con todos los ingredientes. Dejar unas 7 horas o toda la noche en el frigorífico.

b) Retire el pollo de la marinada y ensártelo en las brochetas, colóquelas sobre una bandeja de goteo.

c) Pincelar con aceite. Hornee en un horno precalentado a unos 210 °C durante 20-25 minutos, hasta que esté bien cocido y dorado en los bordes, o sobre una parrilla o parrilla. Pincelar de nuevo con un poco de aceite cuando esté casi hecho.

d) Luego quítelos todos los trozos de pollo de la brocheta, colóquelos en un plato y reserve.

e) Antes de colocar el pollo en la placa chisporroteante, caliente la placa de hierro muy caliente. Coloca todo el mix de verduras y pollo e inmediatamente antes de servirlo en la mesa, échale un poco de agua y aceite, y obtendrás el chisporroteo y los vapores.

f) Adorne con más hierbas frescas si lo desea y sirva caliente.

45. Chisporroteo de pollo

INGREDIENTES:
- 1 taza de cubos de pollo deshuesados

ESCABECHE
- 1 cucharada de salsa de soja
- 1 cucharada de vinagre
- 1 cucharada de pollo en polvo
- 1 cucharadita de jengibre + ajo en polvo (pasta)
- 1/2 cucharadita de pimentón
- 1/2 cucharadita de levadura en polvo

SALSA
- 3 cucharadas de salsa de tomate
- 1 cucharada de salsa de chile y ajo
- 1 cucharada de salsa Worcestershire
- 1 cucharada de miel
- 1 cucharada de harina de maíz
- 2 cucharadas de agua
- 1/2 cucharadita de sal

VERDURAS
- 1 cebolla
- 1/2 pimiento verde amarillo rojo
- Floretes de brócoli
- 2 cucharadas de aceite

INSTRUCCIONES:

a) Marinar los cubos de pollo con los ingredientes de la marinada durante algún tiempo. Pocas horas estaría bien

b) Yo uso vegetales del refrigerador como cebolla, pimientos, brócoli. Puedes usar cualquier verdura de tu elección.

c) Tome 2 cucharadas de aceite en una sartén y fría el pollo hasta que esté tierno. Agregue los ingredientes de la salsa excepto la harina de maíz. Deje que la salsa se mezcle bien. Mezcle la harina de maíz en agua y agregue en la sartén. Revuelva hasta obtener una consistencia poco espesa.

d) Agregue cubos de verduras y fríalos durante 2 a 3 minutos para mantenerlos crujientes y evitar que se empapen. Caliente un plato chisporroteante. Agrega un cubo de mantequilla. Deje que se derrita y chisporrotee, luego agregue el pollo. Servir chisporroteando con arroz frito.

46. Chisporroteo de pollo y queso

Marcas: 2

INGREDIENTES:
- 2 pechugas de pollo (4 onzas)
- 2 cucharadas de ajo picado
- 2 cucharadas de perejil picado
- 1 cucharadita de chiles rojos triturados
- ¼ cucharadita de pimienta negra
- ¼ cucharadita de sal
- 4 cucharadas divididas de aceite de oliva
- 1 pimiento verde en juliana
- 1 pimiento rojo en juliana
- 1 cebolla amarilla en juliana
- 4 tazas de puré de papa cocido
- ½ taza de queso blanco chihuahua rallado
- 2 rebanadas de queso americano

INSTRUCCIONES:
a) Golpee las pechugas de pollo hasta que tengan un grosor uniforme.
b) En una bolsa hermética, combine el ajo, el perejil, los chiles, la pimienta, la sal y 2 cucharadas de aceite de oliva.
c) Coloque las pechugas de pollo en la marinada y refrigere de 2 a 4 horas.
d) En una sartén de hierro fundido a fuego medio, caliente el aceite de oliva restante y saltee el pollo.
e) pechugas durante 5 minutos por lado hasta que alcancen un color marrón dorado. Retire de la sartén.
f) Saltear los pimientos y la cebolla durante 2-3 minutos, hasta que estén al dente. Retire de la sartén.
g) Caliente una sartén de hierro fundido en el quemador hasta que esté muy caliente. Coloque el puré de patatas en la sartén,
h) luego agregue los quesos, los pimientos y las cebollas.
i) Pon el pollo encima de las papas. Cocine hasta que se caliente por completo. Servir de la sartén caliente.

47. barbacoa de pollo tandoori

Rinde: 6 porciones

INGREDIENTES:
- 16 onzas de yogur natural
- ¼ taza de jugo de limón
- 2 dientes de ajo, finamente
- Cortado en cubitos o prensado
- 2 cucharaditas de sal
- ¼ de cucharadita de cúrcuma
- ½ cucharadita de cilantro
- 1 cucharadita de comino molido
- 1½ cucharadita de jengibre molido
- ⅛ cucharadita de pimienta de Cayena
- 3 pechugas de pollo enteras
- 1 cebolla grande, finamente picada
- 1 pimiento verde grande

INSTRUCCIONES:
a) Listo brasas calientes o calentar la parrilla por 10 minutos.
b) En un plato grande, mezcle el yogur, el cilantro, la lima, el jugo, el comino, el ajo, el jengibre, la sal, la pimienta de cayena y la cúrcuma.
c) Revuelva para mezclar. Agregue los trozos de pollo y mezcle para cubrir. Cubra la mezcla y el pollo con pimientos y cebollas. Cubrir. refrescarse durante la noche
d) Voltee y cocine hasta que esté listo, aproximadamente de 15 a 20 minutos. Bañe con salmuera durante la cocción. WALT

48. Pollo a la parrilla con chile

Marcas: 2 o 3

INGREDIENTES:
- 1 taza de yogur natural
- 1 cucharada de jugo de limón
- ½ taza de cebollas; cortado en cubitos gruesos
- 1 cucharadita de semillas de comino
- 1 cucharadita de granos de pimienta
- 1 cucharadita de pimienta de Szechuan
- 2 chiles rojos frescos
- 2 cucharadas de aceite de mostaza
- Sal al gusto
- 1½ libras de pechugas de pollo
- 2 cucharadas de aceite de mostaza
- 3 pimientos rojos enteros secos
- ½ cucharadita de cúrcuma
- 1 taza de cebollas; finamente picado
- 1 cucharadita de ajo; picado
- 1 cucharadita de jengibre fresco; finamente rallado
- 2 chiles rojos; picado
- 1 cucharadita de comino en polvo
- 1 cucharadita de polvo de cilantro
- 1 cucharadita de pimienta negra recién molida
- Sal al gusto
- 1 taza de tomates; cortado en cubitos
- 1 taza de caldo de pollo
- ½ taza de cebolla verde; cortar en longitudes de 1 pulgada

INSTRUCCIONES:

a) En una batidora Mezcle yogur, jugo de limón, cebollas, semillas de comino, granos de pimienta, chiles rojos, aceite de mostaza y sal. Mezclar para formar una pasta suave.

b) Vierta la pasta marinada sobre el pollo en un plato grande. Mezcle bien, cubra y deje marinar durante al menos cuatro horas.

c) Asa el pollo marinado en una parrilla de carbón, girando ocasionalmente hacia arriba hasta que esté bien cocido, aproximadamente 7 minutos. Corte el pollo a la parrilla en tiras de 1 pulgada.

d) En una cacerola a fuego moderado, caliente 2 cucharadas de aceite de mostaza. Freír los pimientos rojos enteros secos hasta que estén oscuros. Agregue la cúrcuma y revuelva durante 15 segundos. Agregue las cebollas y dore a fuego moderado hasta que se doren. Agregue ajo, jengibre, chiles rojos, comino, cilantro, pimienta negra y sal a la mezcla de cebolla.

e) Dore durante 30 segundos y luego agregue los tomates y el caldo de pollo.

f) Reduzca el fuego a fuego lento y deje que la mezcla de tomate y cebolla se cocine durante unos 10 minutos, hasta que espese. Pasa las tiras de pollo a la parrilla a la salsa; revuelva bien. Cocine por otros 10 minutos para evaporar el exceso de líquido para que las piezas de pollo se cubran con la salsa. Ajusta el sazón con sal y pimienta. Adorne con cebollas verdes. Servir con arroz o roti.

49. Pollo a la barbacoa y picadillo de Andouille

Rinde: 4 porciones

INGREDIENTES:
- 6 onzas de pechuga de pollo
- ¼ taza de salsa barbacoa
- Sal y pimienta
- 2 cucharadas de aceite de oliva
- 2 tazas de papas cocidas cortadas en cubitos, dados de pulgada
- ¼ taza de cebollas picadas pequeñas
- 2 cucharadas de chalotes picados
- 1 taza de salchicha Andouille cortada en cubitos
- 1 cucharada de ajo picado
- Huevos Escalfados:
- 4 huevos
- 3 cucharadas de cebollas verdes segmentadas

INSTRUCCIONES:

a) Calentar la parrilla o parrilla. Sazone el pollo con sal y pimienta.

b) Cepille la salsa BBQ sobre el pollo, cubriendo completamente la pechuga.

c) Coloque el pollo en la parrilla o parrilla caliente y cocine durante 5-6 minutos por cada lado. Ponga a un lado y enfríe.

d) Para el picadillo: En una sartén para dorar, calienta el aceite. Agregue las papas y dore, agitando la sartén de vez en cuando, durante 2 minutos. Agregue las cebollas, los chalotes y la andouille, y saltee durante 1 minuto. Corte en dados pequeños el pollo a la barbacoa y agréguelo a la mezcla de andouille y dore durante 1 minuto. Agregue el ajo y sazone con sal y pimienta, y revuelva ocasionalmente durante 4 minutos.

e) Para el huevo escalfado: Pon a hervir 3 tazas de agua con ½ cucharadita de vinagre blanco y ½ cucharadita de sal en una cacerola pequeña a fuego alto.

f) Casca un huevo en una taza y deslízalo suavemente en el agua. Rompa otro huevo en la taza y cuando el agua vuelva a hervir, deslice este huevo en el agua también.

g) Cuando el agua vuelva a hervir, reduzca el fuego a bajo y cocine a fuego lento hasta que los huevos estén listos, aproximadamente 2-2½ minutos. Escurrir sobre toallas de papel.

h) Base de mariscos: mezcle ½ taza de mantequilla derretida, 3 cucharadas de jugo de limón, 2 cucharadas de perejil picado y ½ cucharada de cáscara de limón rallada.

50. Pollo glaseado balsámico

Rinde: 4 Porciones
INGREDIENTES:
- 1 (3 1/2 a 4 libras) de pollo
- 2 dientes de ajo, finamente picados
- 4 cucharadas de hojas de romero picadas
- 2 cucharadas de pimienta negra recién molida
- 1 cucharadita de sal marina
- 3 cucharadas de aceite de oliva virgen
- 2 onzas de corteza de prosciutto
- 2 onzas de corteza de queso parmesano
- 2 cebollas moradas moderadas, segmentadas en
- discos de 1 pulgada
- 1 Copa Lombroso
- 4 cucharadas de vinagre balsámico
- 6 Radicchio di Treviso grandes
- 2 cucharadas de aceite de oliva virgen extra

INSTRUCCIONES:

a) Caliente la parrilla a 375 grados.

b) Enjuague y seque el pollo. Saca las menudencias y déjalas a un lado.

c) Picar el ajo, el romero, la pimienta y la sal marina juntos y mezclar con aceite de oliva virgen. Frote el exterior del pollo por todas partes con la mezcla de romero. Coloque las cortezas de prosciutto y parmesano dentro de la cavidad y deje reposar refrigerado durante la noche.

d) Coloque los discos de cebolla y las menudencias en el fondo de una asadera pequeña de fondo grueso. Coloque el pollo encima de las cebollas, con la pechuga hacia arriba. Vierta un vaso de Lombroso sobre las cebollas y frote todo el pollo con 4 cucharadas de vinagre balsámico.

e) Coloque en la parrilla y cocine por 1 hora y 10 minutos.

f) Corte el radicchio por la mitad a lo largo y colóquelo en la parrilla y cocine de 3 a 4 minutos por lado. Retirar de la parrilla y pincelar con aceite de oliva virgen extra y reservar. Saque el ave de la parrilla y déjela reposar durante 5 minutos. Mueve el pollo a una fuente para trinchar. Coloque las cebollas y las menudencias en un plato, con los jugos. Trocear el pollo, salpicar con el vinagre restante y servir inmediatamente.

51. Pollo a la parrilla y verduras

Rinde: 1 Porción

INGREDIENTES:
- 2 pechugas de pollo
- 4 calabaza amarilla
- 1 pimiento rojo
- 1 pimiento verde
- ½ taza de aceitunas negras enteras
- ½ taza de aceite de oliva
- 2 cucharaditas de tomillo seco
- ½ taza de vermut seco
- 4 dientes de ajo
- 1 limón; jugo de
- sal y pimienta negra

INSTRUCCIONES:
a) Calentar la parrilla o parrilla.

b) En un plato para mezclar, mezcle el aceite de oliva, el tomillo, el vermú, el ajo y el jugo de limón. Agregue las pechugas de pollo, la calabaza amarilla, los pimientos rojos y verdes y las aceitunas negras al plato. Mezclar INGREDIENTES: juntos.

c) Vierta la mezcla del plato en un molde para hornear de metal. Sazone con sal y pimienta negro

d) Coloque encima de una parrilla caliente o debajo de una parrilla para cocinar. Revuelva INGREDIENTES: a menudo. Cocine hasta que el pollo esté listo y las verduras estén tiernas.

52. Pollo a la brasa con salsa habanera

Rinde: 8 Porciones

INGREDIENTES:
- 28 onzas de tomates ciruela; drenado y
- ⅓ taza de aceite de oliva
- ¼ taza de vino blanco
- 1 cucharada de vinagre blanco
- 3 cebollas verdes; cortado en cubitos
- 4 tazas de ajo; picado
- ½ cucharadita de sal
- ½ cucharadita de Pimienta
- 2 cucharaditas de cilantro; picado
- 8 Pollo; senos, piel re
- Pimienta molida

INSTRUCCIONES:
a) Mezclar todos los ingredientes para la salsa. Mezcle bien, cubra y refrigere durante la noche. Caliente una parrilla exterior y deje que la salsa alcance la temperatura ambiente.
b) salpica el pollo con jugo de limón y con sal y pimienta, a tu gusto.
c) Coloque en la parrilla y cocine durante aproximadamente 6 minutos por lado o hacia arriba hasta que se dore.
d) Cepille la salsa sobre el pollo a lo largo de la parrilla.

53. Sizzler De Pollo A La Parrilla Con Salsa De Champiñones

INGREDIENTES:
PARA LA SALSA DE CHAMPIÑONES
- 1 taza de champiñones
- 2-3 dientes de ajo picados
- 1 cebolla mediana picada
- 1 taza de crema
- 1 taza de leche
- 1 cucharada de aceite de oliva
- 1 cucharada de mantequilla
- según sea necesario Hierbas frescas
- la necesaria Hojas de perejil picadas
- según sea necesario Pimienta negra en polvo
- al gusto Sal

PARA POLLO A LA PARRILLA
- 200 gramos de pechuga deshuesada
- 1 cucharadita de pasta de jengibre y ajo
- Según sea necesario Pimienta negra en polvo
- al gusto Sal
- 1 cucharada de aceituna

PARA SALTEADO DE VERDURAS
- 1 zanahoria mediana picada
- 5-6 judías verdes
- 1 pimiento verde pequeño picado
- 1 pimiento rojo pequeño picado
- 1 pimiento amarillo pequeño picado
- según sea necesario Pocas flores de brócoli
- 1 pulgada de jengibre picado
- 2-3 dientes de ajo picados
- 1 cucharada de aceite de oliva
- al gusto Pimienta negra en polvo
- al gusto Sal
- 1 jugo de lima

PARA ESPAGUETIS
- 100 gramos de espagueti
- 1 cucharada de aceite de oliva
- según sea necesario Pimienta negra en polvo
- Al gusto Sal

PARA MONTAJE
- según sea necesario Repollo rallado
- al gusto Pollo a la parrilla
- al gusto Salsa de champiñones
- según sea necesario espaguetis
- según se requiera Verduras salteadas

INSTRUCCIONES:

a) Para la salsa de champiñones, corte los champiñones. En un wok calienta el aceite de oliva y la mantequilla y añade los champiñones. Saltee durante 2-3 minutos hasta que el hongo pierda humedad.

b) Agregue las cebollas picadas y el ajo y saltee más champiñones hasta que se doren.

c) Agregue la crema y revuelva, agregue sal y pimienta negra, y agregue la leche. Agregue el perejil picado y las hierbas y revuelva una vez más, reserve.

d) Para el pollo a la parrilla, corte la pechuga deshuesada en dos y con el dorso del cuchillo, descongele. Cortar ligeramente y untar con pasta de jengibre y ajo, sal y pimienta.

e) En una sartén grill calienta el aceite de oliva y asa el pollo hasta que esté bien cocido, reserva. Cortar el pollo a la parrilla suavemente

f) Para las verduras salteadas: en un wok caliente el aceite de oliva y agregue todas las verduras, agregue el jengibre y el ajo picados, sal y pimienta negra en polvo. Saltee durante 2-3 minutos. Agregar jugo de lima y reservar

g) Para los espaguetis: en un wok, caliente el agua y agregue sal, pimienta en polvo, 1 cucharadita de aceite de oliva, agregue los espaguetis y cocine durante 7-8 minutos. Colar y añadir aceite de oliva y sal y pimienta en polvo.

h) Para el montaje, caliente el sizzler hasta que esté humeante. Colocar en la tabla y agregar el repollo picado, colocar los espaguetis de un lado, las verduras salteadas del otro lado. Pollo a la parrilla en el centro y cubierto con salsa de champiñones.
i) Decorar con perejil picado y disfrutar

54. Sizzler de pollo a la parrilla y fideos hakka

INGREDIENTES:
- 2 tazas de fideos cocidos

PARA EL POLLO A LA PARRILLA
- 1 y ½ cucharadita de pimentón en polvo
- 1/2 cucharadita Kali mirch en polvo (pimienta negra en polvo)
- ½ cucharadita o al gusto Namak (Sal)
- 1/2 cucharada de pasta de jengibre y ajo
- 1 cucharada de perejil seco o fresco picado
- 1 ½ cucharada de salsa de soja
- 1 cucharada de vinagre
- 300 gramos filetes de pollo
- 1-2 cucharadas de aceite de cocina
- 1/2 cucharada de azúcar

PREPARAR LA SALSA CHIRRIENTE:
- 2 cucharadas de Makhan (mantequilla)
- 1 cucharada de salsa para pizza
- 2 cucharadas de ajo picado
- 1/2 cucharada de harina de maíz1 y
- 1 cucharada de pasta de ajo picante
- 1/2 cucharadita de salsa de soja
- ¼ de cucharadita o al gusto Namak (Sal
- 1/4 taza de salsa de chile con ajo
- 1 taza o según requiera Caldo de pollo

PREPARAR LAS VERDURAS:
- 2 cucharadas de aceite de cocina
- 1 cucharada de hojas de cebolla verde picadas
- 1 cucharada de maíz
- 1/2 taza de zanahoria en juliana
- 1/2 taza de pimiento verde en juliana
- 1/4 taza de pimiento rojo en juliana
- 1/2 taza de pimiento rojo en juliana
- ½ cucharadita o al gusto Namak (Sal)
- 1/2 cucharadita Lal mirch (chile rojo) triturado
- 1/4 taza de zanahoria rallada

INSTRUCCIONES:
PREPARAR FIDEOS
a) Caliente 1 cucharada de aceite en una sartén antiadherente.

b) Agregue ½ cucharada de jengibre picado y 1 cucharada de ajo picado, 2 cucharadas de zanahorias en juliana, 2 cucharadas de pimiento, 2 cucharadas de repollo

c) Mezclar y saltear durante 30 segundos.

d) Agregue los fideos y revuelva para mezclar. Agregue 1 cucharada de salsa de soya, 1 cucharadita de hojuelas de chile, granos de pimienta triturados, una pizca de azúcar y algunas de las hojas de cebolleta y revuelva para mezclar. Agregar sal y mezclar bien.

PREPARAR POLLO A LA PARRILLA:
e) En un tazón, agregue el azúcar, el pimentón en polvo, la pimienta negra en polvo, la sal, la pasta de jengibre y ajo, el perejil fresco o seco, la salsa de soya, el vinagre y mezcle bien.

f) Agregue los filetes de pollo, mezcle bien y deje marinar durante 1 hora.

g) En una sartén, agregue el aceite de cocina y los filetes de pollo marinados, áselos a fuego lento por ambos lados hasta que estén cocidos.

PREPARAR LA SALSA CHIRRIENTE:
h) En una cacerola, agregue la mantequilla y deje que se derrita.

i) Agregue la cebolla, el ajo y mezcle bien.

j) Agregue la harina para todo uso y mezcle bien durante 1 minuto.

k) Agregue la salsa de soya, la pimienta negra en polvo, la sal, la salsa de chile y ajo y mezcle bien.

l) Agregue el caldo de pollo, bata hasta que esté bien combinado y cocine durante 2-3 minutos o hasta que la salsa espese y reserve.

PREPARAR LAS VERDURAS:

m) En el wok, agregue aceite de cocina, hojas de cebolla verde y mezcle bien.

n) Agregue perejil fresco y mezcle.

o) Agregue las zanahorias restantes, el pimiento amarillo, el pimiento, el pimiento rojo, la sal, el chile rojo triturado, mezcle bien y saltee durante 1 minuto y reserve.

MONTAJE:

p) ¡Caliente la sartén, agregue mantequilla, fideos, verduras salteadas, filete de pollo, salsa chisporroteante preparada y sirva!

CHORRIZADORA DE CARNE

55. Sizzler de jamón crujiente con duraznos glaseados

Rinde: 4 porciones

INGREDIENTES:
Filetes de jamón de 2 1/2 pulgadas de grosor
1 cada clara de huevo
1 taza de galletas de queso trituradas
4 mitades de durazno
¼ taza de salsa de arándanos
1 cada patata
2 cucharaditas de aceite de oliva

INSTRUCCIONES:
Batir ligeramente el huevo con 1 cucharadita de agua. Sumerja un lado de cada rebanada de jamón en huevo y luego en migas de galleta. Presione bien las migas. Coloque el lado cubierto hacia arriba en la rejilla para asar. Coloque las mitades de durazno en la rejilla para asar con jamón, cepille con salsa de arándanos derretida. Rodear con patatas cortadas en tiras finas y bañadas en aceite. Ase a 4" del fuego durante 5 minutos.

56. chisporroteantes de Texas

Rinde: 24 Aperitivos

INGREDIENTES:
- 1½ libras de bistec de falda de res
- ½ taza de Salsa Picante
- 12 chiles jalapeños enteros cortados por la mitad a lo largo y sin semillas
- ¼ taza de queso crema con hierbas
- palillos de dientes

INSTRUCCIONES:
a) Rebane el bistec en tiras de ¼ de pulgada de grosor, de 4" de largo. Corte a través del grano con un cuchillo en ángulo.
b) Marinar las tiras de carne en Salsa Picante durante una hora.
c) Rellene cada mitad de jalapeño con ½ cucharadita de queso crema 4. Envuelva los jalapeños rellenos con una tira de bistec que cubra el queso crema mientras los envuelve. Sujete los extremos del bistec con un palillo. 5. Ase a la parrilla o a la parrilla a 4 pulgadas del fuego durante 4 minutos, volteando después de 2 minutos. No cocine demasiado.
d) Para un sabor óptimo, marinar en Salsa Picante caliente o mediana.

57. ternera teriyaki

Rinde: 6 Porciones

INGREDIENTES:
- 1½ libras de lomo de res
- ½ taza de salsa de soya
- ¼ taza de jerez seco
- 2 cucharadas de azúcar
- 2 cucharaditas de mostaza seca
- 4 de cada uno Dientes de ajo, picados

INSTRUCCIONES:

a) Congele parcialmente la carne de res. Segmente finamente a través del grano en tiras del tamaño de un bocado. Mezcle la salsa de soya, el vino, el azúcar y la mostaza y el ajo; agregue la carne y deje reposar 15 minutos a temperatura ambiente.

b) Brocheta de carne, estilo acordeón, en brochetas pequeñas. Precaliente ambos lados de la parrilla a gas en ALTO durante 10 minutos.

c) Coloque las brochetas en las rejillas; cierre el capó y cocine durante 5 a 7 minutos o más hasta que la carne esté lista, girando y rociando a menudo con salmuera.

58. Parrillada de cordero de 30 min para dos

Rinde: 2 Porciones

INGREDIENTES:
- 1 cucharada de salsa de soya baja en sodio
- 2 cucharaditas de aceite de sésamo
- 1 cebolla verde, picada
- 1 diente de ajo picado
- 2 cucharaditas de raíz de jengibre, picada
- ¼ cucharadita de pimienta
- 4 chuletas de lomo de cordero
- Sal

INSTRUCCIONES:
a) En un plato poco profundo, mezcle la salsa de soya, el aceite, la cebolla, el ajo, el jengibre y la pimienta. Agregue el cordero, rotando para cubrir; dejar reposar por 10 minutos.

b) Vuelva a dividir la salmuera, coloque el cordero en una parrilla engrasada a fuego moderado-alto; cubra y cocine, rociando con salmuera, de 5 a 7 minutos por cada lado para que esté medio cocido o hasta el punto de cocción deseado. Sazonar con sal al gusto.

c) Sirva con gajos de calabacín sellados y camotes.

59. Cola de caimán a la parrilla estilo cajún

Rinde: 16 Porciones

INGREDIENTES:
- 4 a 6 libras. Cuñas de limón con cola de caimán

Mezcla de condimentos:
- 12 cucharadas de pimentón
- 6 cucharadas de ajo en polvo
- 3 cucharadas de sal
- 3 cucharadas de pimienta blanca
- 3 cucharadas de orégano, triturado
- 3 cucharadas de pimienta negra
- 2½ cucharadas de tomillo
- 1 cucharada de pimienta de cayena

INSTRUCCIONES:

a) Para preparar la mezcla de condimentos, mezcle el pimentón, el ajo en polvo, la sal, la pimienta blanca, el orégano, la pimienta negra, el tomillo y la pimienta de cayena en un frasco con tapa hermética. Agitar bien para mezclar.

b) La mezcla se puede almacenar hasta por 3 meses. Cuando esté listo para cocinar, corte la carne de cola de caimán en cubos de ½". Enrolle cada cubo en 1 cucharada de la mezcla.

c) Cocine a fuego alto en una parrilla al aire libre o debajo de la parrilla durante 4 a 6 minutos, o hasta que la carne de la cola de caimán esté blanca y firme al tacto.

d) Servir caliente con rodajas de limón.

60. Pierna de cordero a la parrilla

Rinde: 6 Porciones

INGREDIENTES:
- 4 libras de pierna de cordero, en mariposa
- 2 cucharaditas de sal
- 2 dientes de ajo, picados
- 1 taza de aceite de oliva
- 2 limones, en jugo
- ⅓ taza de pasta de tomate
- 2 cucharaditas de romero
- ½ cucharadita de pimienta negra, molida gruesa
- ½ cucharadita de mejorana
- ½ cucharadita de orégano
- ½ cucharadita de ajedrea

INSTRUCCIONES:

a) Mezcle todos los ingredientes en un recipiente de vidrio, esmalte, acero inoxidable o plástico y mezcle con un batidor o un tenedor hasta que se mezclen. Tarda unos minutos.

b) Agregue el cordero, girándolo para asegurarse de que esté cubierto por todos lados.

c) Marinar dos horas a temperatura ambiente, o toda la noche en el refrigerador. Verifique ocasionalmente para asegurarse de que todavía esté cubierto con la salmuera y vuelva a cubrir según sea necesario.

d) Ase a la parrilla por fuera o por dentro a unas 8 pulgadas de la llama durante 15 minutos por cada lado, untando ocasionalmente con la salmuera. Servir en gajos finos (calientes) con el resto de la salmuera, calentada.

61. Bistec Chisporroteado Con Pimientos Y Cebollas

INGREDIENTES:

- ½ cucharada de aceite vegetal
- algunos giros de Schwartz Herb Fusion: cualquier hierba seca con un poco de ajo en polvo servirá
- una pizca de hojuelas de chile rojo
- 300 g de filete de lomo - cortado en tiras
- 1 cebolla mediana - pelada y en rodajas finas
- 1 pimiento verde - sin semillas y en rodajas finas
- un chorrito de salsa de soja
- 1 cebolla tierna (cebollín) - en rodajas

INSTRUCCIONES

a) Vierta el aceite vegetal en un plato junto con algunos giros de fusión de hierbas y hojuelas de chile, luego use la mezcla para cubrir la cebolla, los pimientos y el filete en rodajas.

b) Caliente su fuente para chisporroteo o sartén de base gruesa hasta que esté bien caliente (la sartén para chisporrotear comenzará a humear cuando esté lista para cocinar).

c) Agregue el bistec, las cebollas y los pimientos a la fuente chisporroteante y cocine (todo se cocinará muy rápido) gire todo en la sartén al menos dos veces.

d) Añadir un chorrito de salsa de soja junto con la cebolleta.

e) Sirva de inmediato mientras todavía está chisporroteando.

62. Carne seca a la parrilla

Rinde: 4 Porciones

INGREDIENTES:
- 1 libra de lomo o solomillo de fondo magro
- 2 tallos de hierba de limón fresca o 2 cucharadas de hierba de limón seca
- 2 chiles rojos pequeños, sin semillas
- 2½ cucharadas de azúcar o miel
- 1 cucharada de salsa de pescado vietnamita
- 3 cucharadas de salsa de soja ligera

INSTRUCCIONES:
a) Corte la carne de res a través del grano en segmentos muy delgados de 3 por 3 pulgadas. Si usa hierba de limón fresca, deseche las hojas exteriores y la mitad superior del tallo. Cortar en gajos finos y picar finamente. Si está usando hierba de limón seca, sumérjala en agua tibia durante 1 hora. Escurrir y picar finamente.
b) Mezclar los chiles y el azúcar en un mortero y majar y machacar hasta obtener una pasta fina. Agregue la hierba de limón cortada en cubitos, la salsa de pescado y la salsa de soya y revuelva para mezclar. (Si usa una batidora, mezcle todo esto y mezcle hasta obtener una pasta muy fina). Extienda la pasta sobre los trozos de carne para cubrir ambos lados. Deje marinar por 30 minutos.

c) Distribuya cada segmento de carne de res marinada en una rejilla grande y plana o en una bandeja para hornear.
d) Dejar reposar al sol hasta que ambos lados estén completamente secos, unas 12 horas.
e) Ase la carne a la parrilla sobre un fuego de carbón moderado o hasta que esté dorada y crujiente, aproximadamente 10 minutos.

63. Costillas a la parrilla

Rinde: 1 Porción

INGREDIENTES:
- 1 costilla de primera calidad de cada 12 a 15 libras, con hueso
- 1 taza de sal kosher
- 1 taza de pimienta negra molida gruesa
- Frote la costilla por todas partes con sal y pimienta.

INSTRUCCIONES:

a) En una parrilla de caldera grande, encienda un fuego bien hacia un lado. Cuando las brasas estén bien encendidas, coloque la costilla en la rejilla de la parrilla en el lado opuesto a las brasas, teniendo cuidado de que ninguna parte de la costilla quede directamente sobre las brasas. Coloque la tapa en la tetera con los orificios de ventilación ¼ abiertos.

b) Cocine durante aproximadamente 2 horas, agregando un puñado de carbón fresco cada 30 minutos más o menos.

c) En el punto de 2 horas, revise la costilla con un termómetro para carne para determinar si está lista; Retire del fuego a 118 F para muy poco hecho, 122 F para poco hecho, 126 para poco hecho, y así sucesivamente, agregando 4 F por cada grado de cocción.

d) Dejar reposar durante 30 minutos antes de rebanar.

64. Parrillada al aire libre

Rinde: 1 Porción

INGREDIENTES:
- Elige pollo, chorizo, res, cerdo y/o cordero, como más te guste y de la siguiente manera:
- 1 libra de pechugas de pollo deshuesadas y sin piel, cortadas en trozos de 1 pulgada
- 1 libra de salchicha italiana dulce, cortada en trozos de 1 pulgada
- 1 taza de jugo de toronja
- 3 cucharadas de miel
- 2 cucharadas de mantequilla derretida
- ½ cucharadita de sal
- 2 cucharadas de romero fresco picado
- 2 cucharadas de tomillo fresco picado
- 1 cucharada de ajo picado
- 1 cebolla pequeña, picada
- 2 cucharadas de jugo de limón
- ½ taza de aceite
- 1 cucharadita de tomillo seco
- 1 cucharadita de mejorana seca
- 1 cucharadita de sal
- ½ cucharadita de Pimienta

INSTRUCCIONES:
a) Mezcle todos los ingredientes en un plato hondo no reactivo grande; salmuera cubierta a temperatura ambiente durante 2 horas, o cubierta en el refrigerador durante varias horas.
b) Saque, vuelva a dividir en porciones la salmuera y pinche el pollo en su propia brocheta y la salchicha en su propia brocheta.
c) Ase a la parrilla sobre brasas moderadamente calientes, girando con frecuencia, cepillando con las salmueras respectivas. El pollo tardará unos 15 minutos; salchicha unos 20-25 minutos; cerdo, ternera o cordero unos 20 minutos. Retire del fuego y vierta sobre la(s) salmuera(s) restante(s); cubra con papel aluminio durante unos cinco minutos; atender.

65. Filetes de ternera a la plancha

Rinde: 1 Porción

INGREDIENTES:
- Seis cuchillas de res deshuesadas; filetes
- 2 pimientos rojos grandes; descuartizado
- La ralladura de 2 naranjas navel
- 1 taza de jugo de naranja fresco
- ⅓ taza de aceite vegetal
- 2 dientes de ajo
- 1 cucharada de salsa de soja
- 1 cucharadita de hojuelas de pimiento rojo picante seco
- 1 cucharada de vinagre de sidra
- ½ cucharadita de sal

INSTRUCCIONES:

a) En un plato grande y poco profundo, coloque los bistecs en una sola capa y agregue los pimientos.

b) En una batidora, mezcle la ralladura de naranja, el jugo de naranja, el aceite, el ajo, la salsa de soya, las hojuelas de pimiento rojo, el vinagre y la sal hasta que la salmuera esté suave, vierta la salmuera sobre los bistecs y los pimientos, cubriéndolos completamente, y deje que la mezcla se marine, tapada y enfriada, durante la noche.

c) Asa los bistecs y los pimientos, descartando la salmuera, en una rejilla engrasada de 5 a 6 pulgadas sobre brasas encendidas durante 8 minutos por cada lado para bistecs poco cocidos, muévelos a una fuente y deja reposar los bistecs durante 5 minutos.

66. Salteado de carne chisporroteante

Hace: 3

INGREDIENTES:
- 300 g de filetes de ternera de corte fino, cortados en cubos gruesos
- 2 cucharaditas de aceite
- 450g de arroz vegetal preparado a tu elección
- Para la salsa picante:
- 4 cucharadas de salsa Worcestershire
- 1 cucharadita de polvo de 5 especias chinas
- 2 cucharadas de puré de tomate
- 1 cucharada de miel
- 1 cucharada de salsa de soja ligera

INSTRUCCIONES:
a) Para hacer la salsa chisporroteante, en un tazón pequeño mezcle todos los ingredientes y reserve.
b) Caliente el aceite en una sartén grande antiadherente o en un wok, agregue la carne y cocine durante 1-2 minutos, revolviendo ocasionalmente. Agrega la salsa y el arroz de vegetales; continúe cocinando durante otros 3-4 minutos, revolviendo de vez en cuando hasta que el arroz esté bien caliente.
c) Servir inmediatamente con una ensalada verde.

67. Chisporroteador de solomillo

Hace: 4

INGREDIENTES:
- 3 cucharadas de vinagre balsámico
- 2 cucharadas de aceite de oliva
- 2 dientes de ajo picados
- 1 cucharadita de romero seco
- 1/4 cucharadita de sal
- 1 libra de bistec de solomillo, de 1 pulgada de grosor

INSTRUCCIONES:
a) En un plato poco profundo, mezcle el vinagre, el aceite, el ajo, el romero y la sal.
b) Agregue el bistec volteándolo para cubrirlo.
c) Marinar a temperatura ambiente durante 10 minutos dando vuelta una vez.
d) Caliente la parrilla o sartén engrasada a fuego medio-alto.
e) Cocine el bistec volteándolo una vez durante 10 a 12 minutos o hasta que esté listo.
f) Transfiera a la tabla de cortar y tienda con papel de aluminio.
g) Dejar reposar 5 minutos antes de rebanar.

CHORRITOR DE MARISCOS

68. Sizzler de Mariscos Mixtos Estilo Schezuan

INGREDIENTES:
- 400 g Marisco - Gambas grandes, pescado, calamares y almejas
- 5 chiles secos
- 20 g de jengibre joven, en rodajas
- 3 dientes de ajo, en rodajas
- media cebolla, cortada en gajos
- 25 g de champiñones, en cuartos
- 50 g de pimiento rojo y verde cortado en gajos
- 25 g de zanahoria, cortada en las formas deseadas
- 2 cucharadas de aceite
- 1 cucharadita de aceite de sésamo

CONDIMENTO
- 1 cucharada de salsa de abulón
- 1 cucharada de salsa de tomate
- 1/4 cucharadita de salsa de soja oscura
- 1/4 cucharadita de azúcar
- 1/2 taza de agua
- 1 cucharadita de vinagre negro
- 1 cucharada de vino para cocinar Shao Hsing (opcional)
- 1/8 cucharadita de harina de maíz

INSTRUCCIONES:

a) Pelar los langostinos dejando colas y cabezas intactas. Hacer un corte en el centro de las gambas y desvenar. Corte el pescado en trozos del tamaño de un bocado. Limpiar los calamares y cortarlos en aros.

b) Espolvorear ligeramente con harina de maíz y freír en abundante aceite caliente durante 30 segundos. Escurrir y reservar.

c) Ponga una placa caliente chisporroteante a fuego lento. Pincelar con un poco de aceite. Caliente hasta que esté caliente.

d) Caliente el aceite y el aceite de sésamo en un wok. Freír el jengibre, el ajo y los chiles secos hasta que estén fragantes. Agregue los champiñones, la zanahoria y el condimento. Regrese los mariscos al wok. Saltee enérgicamente durante 10-20 segundos. Agregue el pimiento, la cebolla y mezcle bien para combinar.

e) Transfiera el plato directamente a la placa caliente y sirva inmediatamente mientras todavía está chisporroteando.

69. Pescado entero al vapor con jengibre y cebolletas

INGREDIENTES:
PARA EL PESCADO
- 1 pescado blanco entero, de aproximadamente 2 libras, con la cabeza y limpio
- ½ taza de sal kosher, para limpiar
- 3 cebolletas, cortadas en trozos de 3 pulgadas
- 4 rodajas de jengibre fresco pelado, cada una del tamaño de una moneda de veinticinco centavos
- 2 cucharadas de vino de arroz Shaoxing

PARA LA SALSA
- 2 cucharadas de salsa de soja ligera
- 1 cucharada de aceite de sésamo
- 2 cucharaditas de azúcar

PARA EL ACEITE DE JENGIBRE CHIRRIENTE
- 3 cucharadas de aceite vegetal
- 2 cucharadas de jengibre fresco pelado finamente cortado en juliana en tiras finas
- 2 cebolletas, en rodajas finas
- Cebolla roja, en rodajas finas (opcional)
- cilantro (opcional)

INSTRUCCIONES:

a) Frote el pescado por dentro y por fuera con la sal kosher. Enjuague el pescado y séquelo con toallas de papel.

b) En un plato lo suficientemente grande como para caber en una canasta de vapor de bambú, haga una cama usando la mitad de cada una de las cebolletas y el jengibre. Coloque el pescado encima y rellene las cebolletas y el jengibre restantes dentro del pescado. Vierta el vino de arroz sobre el pescado.

c) Enjuague una canasta de vapor de bambú y su tapa con agua fría y colóquela en el wok. Vierta aproximadamente 2 pulgadas de agua fría, o hasta que sobrepase el borde inferior de la vaporera entre ¼ y ½ pulgada, pero no tanto como para que el agua toque el fondo de la canasta. Llevar el agua a ebullición.

d) Coloque el plato en la canasta de vapor y cubra. Cueza al vapor el pescado a fuego medio durante 15 minutos (agregue 2 minutos por cada media libra más). Antes de sacarlo del wok, pinche el pescado con un tenedor cerca de la cabeza. Si la carne se descascara, está hecho. Si la carne aún se pega, cocine al vapor durante 2 minutos más.

e) Mientras el pescado se cuece al vapor, en una cacerola pequeña, caliente la soja ligera, el aceite de sésamo y el azúcar a fuego lento y reserve.

f) Una vez que el pescado esté cocido, transfiéralo a un plato limpio. Deseche el líquido de cocción y los aromáticos de la placa de cocción al vapor. Vierta la mezcla de salsa de soya tibia sobre el pescado. Carpa con papel aluminio para mantenerlo caliente mientras preparas el aceite.

70. Besugo a la plancha con hinojo

Rinde: 1 Porción

INGREDIENTES:

- 4 filetes de besugo
- Aceite de oliva para pincelar
- 10 chalotes; pelado, segmentado
- 4 zanahorias; finamente segmentado
- 1 hinojo entero; sin corazón, a la mitad
- 2 pizcas de azafrán
- vino blanco dulce
- 1 pinta de caldo de pescado
- 1 pinta de crema doble
- Una naranja; jugo de
- 1 manojo de cilantro; finamente picado

INSTRUCCIONES:

a) Cocine las zanahorias, los chalotes, el hinojo y el azafrán en aceite de oliva sin colorear durante 3-4 minutos. Cubrir las verduras en tres cuartas partes con el vino y reducirlas por completo.

b) Añadir el caldo de pescado y reducirlo a un tercio. Revisa las zanahorias mientras se reducen y, si están recién cocinadas, cuela el licor de las verduras y devuélvelo a la sartén para que se reduzca aún más. Ponga las verduras a un lado.

c) Añadir la nata al licor reductor y reducir hasta espesar ligeramente. Unte los filetes de besugo con aceite de oliva y colóquelos en la plancha con la piel hacia abajo.

d) Agregue el jugo de naranja al caldo reducido y regrese las verduras a la sartén. Sazonar y servir con el pescado.

71. Brochetas de marisco glaseadas con manzana

Rinde: 6 Porciones

INGREDIENTES:
- 1 lata de jugo de manzana concentrado
- 1 cucharada de CADA mantequilla y mostaza Dijon
- 1 pimiento rojo dulce grande
- 6 gajos de tocino
- 12 vieiras
- 1 libra de camarones sin cáscara y desvenados (alrededor de 36)
- 2 cucharadas de perejil fresco picado

INSTRUCCIONES:

a) En una cacerola profunda y pesada, hierva el concentrado de jugo de manzana a fuego alto durante 7 10 minutos o hasta que se reduzca a aproximadamente ¾ de taza. Retire del fuego, mezcle la mantequilla y la mostaza hasta que quede suave. Dejar de lado. Cortar el pimiento por la mitad Sacar las semillas y el tallo, y cortar el pimiento en 24 trozos. Corte los segmentos de tocino por la mitad transversalmente y envuelva cada vieira en un trozo de tocino.

b) brocheta de pimienta, vieiras y camarones alternativamente en 6 brochetas. Coloque las brochetas en la parrilla de la barbacoa engrasada. Ase a la parrilla a fuego moderadamente alto durante 2-3 minutos, rociando con glaseado de jugo de manzana y girando con frecuencia, hasta que las vieiras estén opacas, los camarones estén rosados y la pimienta esté tierna. Servir espolvoreado con perejil.

72. brochetas de pescado a la parrilla

Rinde: 4 porciones

INGREDIENTES:
- 1 libra de pescado blanco firme
- 1 cucharadita de sal
- 6 dientes de ajo
- Jengibre de raíz fresca de 1½ pulgadas
- 1 cucharada de garam masala
- 1 cucharada de cilantro molido
- 1 cucharadita de pimienta de cayena
- 4 onzas de yogur natural
- 1 cucharada de aceite vegetal
- 1 limón
- 2 chiles verdes picantes

INSTRUCCIONES:

a) Filetee y pele el pescado y luego córtelo en cubos de 1 1/2 pulgada. Colocar unas 5 piezas en cada brocheta y salpimentar.

b) Haz una pasta con el ajo, el jengibre, las especias y el yogur y utilízala para cubrir el pescado. Dejar reposar unas horas y luego asar.

c) Las brochetas se pueden rociar con un poco de aceite durante la cocción si es necesario. Adorne con el limón cortado en gajos y aros finos de chile verde sin semillas.

PRINCIPALES VEGETALES

73. Chisporroteadores de verduras

Rinde: 1 porciones

INGREDIENTES:
- 1 pimiento mediano
- 1 tomate mediano maduro y firme
- 1 zanahoria hervida; cortar en rodajas de 1/2 pulgada
- 1 taza de repollo rallado
- 2 papas cocidas y peladas
- 1 cebolla cortada en aros o tiras
- 3 frijoles hervidos y partidos por la mitad; (3 a 4)
- 1 taza de arroz hervido
- 1 taza de fideos o espaguetis hervidos
- 1 cucharadita de chile rojo en polvo
- 1 cucharadita de salsa de tomate
- ½ cucharadita de salsa de soja
- 1 cucharadita de harina de maíz
- 1 cucharada de pan rallado seco; bien
- 1 cucharada de mantequilla
- Sal al gusto
- 1 cucharada de aceite
- jengibre y ajo

a) Triture bien una patata, corte los dedos de la otra.
b) Mezcle arroz, puré de patata, harina de maíz, chile en polvo, salsa de soja, ketchup, sal.
c) Cortar la tapa tanto del tomate como del pimiento. Raspe el tomate desde adentro para formar un hueco.
d) Coloque el pimiento en agua hirviendo hasta que se ablande. Escurrir y secar.
e) Rellene tanto el tomate como el pimiento con el relleno de arroz. Pintar con un poco de mantequilla. Mantener a un lado
f) Forme una hamburguesa con la mezcla restante y fríala con aceite. Manténgase a un lado.

PARA MONTAR EL SIZZLER:

g) Caliente la charola, coloque la mitad de la mantequilla en el centro, agregue todas las verduras, sal y saltee.

h) Empuje hacia los lados, ponga la mantequilla restante en el centro. Agregue los fideos, espolvoree sal y pimienta, revuelva.

i) Empuje hacia los lados dentro de las verduras. Coloque el pimiento, el tomate y la hamburguesa en el centro.

j) Dar la vuelta con cuidado para que chisporrotee por todas partes.

k) Transferir la bandeja a su contenedor de madera.

l) Caliente la bandeja antes de servir y rocíe muy ligeramente con un poco de vinagre blanco, para chisporrotear.

m)   Sirva muy caliente con salsa, rollos de ajo, etc.

74. sizzler chino de verduras

INGREDIENTES:

- según sea necesario Igual que se da en tomates rellenos y pimientos
- según sea necesario Igual que se da en fideos y pasta
- según requerimiento Aceite y mantequilla
- según sea necesario papas fritas

INSTRUCCIONES:

a) Ponga un plato grande, ponga hojas de repollo, ponga relleno de tomate y pimiento, luego ponga verduras chinas, fideos y pasta.

b) Agregue los fideos y la pasta en el plato, agregue las papas fritas y póngalas al fuego poniendo aceite o mantequilla y sírvalas calientes con mayonesa y ketchup.

75. Chisporroteante Peri Peri Paneer

INGREDIENTES:
- 1 taza de pan
- 1 pimiento picado toscamente
- 1 cebolla picada toscamente
- 1 taza de papas fritas
- 1 cucharada de salsa barbacoa
- 1 cucharada de salsa de tomate
- 1 cucharada de salsa peri peri
- 1 taza de arroz cocido
- 1 zanahoria picada
- 1 cucharada de maíz dulce hervido

INSTRUCCIONES:

a) Marinar el paneer agregando toda la salsa y las especias, mezclar bien y reservar durante media hora. Después de marinar, asarlo en una sartén hasta que se dore.

b) Tome una sartén, engrase y saltee todas las verduras, agregue la salsa y las especias, sal y mezcle bien, no cocine demasiado, solo saltee por un tiempo y retírelo. Agregue aceite en la misma sartén, agregue la cebolla y saltee por un tiempo, agregue el pimiento y saltee por un tiempo, agregue toda la salsa masalas y mezcle bien.

c) Ensámblelo en un plato para servir, colocando la sartén en el centro, un lado con arroz frito y verduras salteadas y papas fritas en un lado, para chisporrotear, caliente una sartén grande a fuego alto, mantenga el plato para servir chisporroteando. Y mantequilla y agua aparte. Disfruta de tu paneer sizzler.

76. Sizzler de Bombay

INGREDIENTES:
- Verduras para hervir
- 1 taza de guisantes verdes
- 1 zanahoria grande
- Media taza de frijoles franceses
- 7-8 floretes de coliflor
- 1 taza de repollo
- 1 patata
- 3 cebollas grandes finamente picadas
- 3 tomates grandes en pasta
- 1 cucharadita de pasta de ajo
- 1 cucharadita de pasta de jengibre
- 1 pimiento finamente picado
- 1 cucharadita de pasta de chile rojo
- 1 cucharadita de Jeera
- 3-4 cucharadas pav bhaji masala
- 3 cucharada de mantequilla
- 1 cucharada de aceite
- Según sea necesario
- según sea necesario Hojas de cilantro para decorar
- según sea necesario Hojas de col para parrilla
- 2-3 cubos de mantequilla fría

INSTRUCCIONES:

a) Hervir los guisantes, la zanahoria, el repollo, la coliflor y todas las verduras en una olla a presión. Manténgase a un lado, no deseche su agua.

b) En un recipiente de fondo grueso agregue aceite y dos cucharadas de mantequilla. Añadir jeera. Cuando esté crepitante, agregue las cebollas y saltee hasta que estén transparentes.

c) Ahora agregue Capsicum y saltee durante 2 minutos. Ahora agregue pav Bhaji masala y saltee durante 2 minutos. Ahora agregue las verduras hervidas y macháquelas bien con un triturador. Mezcle bien y saltee durante unos 4 a 5 minutos.

d) Ahora añádele puré de tomate y déjalo cocinar hasta que suelte aceite. Es hora de agregar el agua que queda después de hervir las verduras. Puede agregar más agua si es necesario.

e) Cubra y cocine por algún tiempo. En un rato verás que sale aceite.

f) Ahora toma pav y córtalo por la mitad. aplique mantequilla en tawa y espolvoree un poco de pav Bhaji masala y frótelo con pav.

g) Pav y bhaji están listos ahora. Ahora mantenga la placa chisporroteante a gas. Cuando el plato chisporroteante esté caliente, coloque hojas de col sobre él y coloque Bhaji en un lado y pav en el otro junto con cebollas picadas y rodajas de limón. A los lados de la chisporroteante ponga cubos de mantequilla y sirva inmediatamente a sus seres queridos.

77. Berenjenas Y Tofu En Salsa De Ajo Chisporroteante

INGREDIENTES:
- 6 tazas de agua más 1 cucharada, dividida
- 1 cucharada de sal kosher
- 3 berenjenas chinas largas (alrededor de ¾ de libra), recortadas y cortadas en rodajas diagonales en trozos de 1 pulgada
- 1½ cucharadas de maicena, dividida
- 1 cucharada de salsa de soja ligera
- 2 cucharaditas de azúcar
- ½ cucharadita de salsa de soja oscura
- 3 cucharadas de aceite vegetal, dividido
- 3 dientes de ajo, picados
- 1 cucharadita de jengibre fresco picado pelado
- ½ libra de tofu firme, cortado en cubos de ½ pulgada

INSTRUCCIONES:

a) En un tazón grande, combine las 6 tazas de agua y sal. Remueve brevemente para disolver la sal y añade los trozos de berenjena. Coloque una tapa de olla grande encima para mantener la berenjena sumergida en el agua y déjela reposar durante 15 minutos. Escurra la berenjena y séquela con toallas de papel. Mezcle la berenjena en un tazón con una capa de almidón de maíz, aproximadamente 1 cucharada.

b) En un tazón pequeño, revuelva la ½ cucharada restante de maicena con la 1 cucharada restante de agua, soya clara, azúcar y soya oscura. Dejar de lado.

c) Caliente un wok a fuego medio-alto hasta que una gota de agua chisporrotee y se evapore al contacto. Vierta 2 cucharadas de aceite y agite para cubrir la base del wok y los lados. Disponer las berenjenas en una sola capa en el wok.

d) Dorar la berenjena por cada lado, unos 4 minutos por lado. La berenjena debe estar ligeramente carbonizada y dorada. Baje el fuego a medio si el wok comienza a humear. Transfiera la berenjena a un tazón y regrese el wok al fuego.

e) Agregue la cucharada restante de aceite y saltee el ajo y el jengibre hasta que estén fragantes y chisporroteando, aproximadamente 10 segundos. Agregue el tofu y saltee por 2 minutos más, luego regrese la berenjena al wok. Revuelva la salsa nuevamente y vierta en el wok, mezclando todos los ingredientes hasta que la salsa se espese a una consistencia oscura y brillante.

f) Transfiera la berenjena y el tofu a un plato y sirva caliente.

78. Sizzler Indio De Verduras

INGREDIENTES:

- Según sea necesario Verduras como repollo, pimiento, zanahoria, frijoles
- 2 cucharadas de Harina de Maíz y Harina Multiusos para ligar las bolitas
- 2 cucharadas de salsa de chile rojo
- 2 cucharaditas de salsa de soja
- 2 cucharaditas de pasta de chile verde y pasta de jengibre y ajo cada una
- al gusto Sal
- el necesario Aceite para freír
- 2 tazas de arroz hervido
- 1-2 patatas para Cuñas de patata
- Paneer de 100 g
- 1 cebolla pequeña
- 1 pimiento pequeño
- 1 cucharadita de pimienta negra en polvo
- 1 cucharadita de polvo de mango seco
- 1 cucharadita de garam masala
- 2 cucharaditas de lechada de harina de maíz
- 2 cucharadas de mantequilla de ajo
- 2 cucharadas de pasta de ajo y jengibre

INSTRUCCIONES:

a) En primer lugar, pique las verduras y haga bolas para Manchurian, agregue chile verde y pasta de ajo con jengibre, sal, salsa de chile rojo y harinas, mézclelas bien y enróllelas en bolitas pequeñas.

b) Freírlos o freírlos poco a poco. Cortar las patatas y trocearlas también freírlas poco profundas

c) Fríe el arroz agregando mantequilla de ajo en ese poco de aceite y agrega la pasta de ajo y jengibre, saltea por un segundo, luego agrega las verduras y la salsa de chile rojo, también sal al gusto.

d) Mantenga un lado el arroz

e) Ahora toma Paneer, Capsicum y Cebollas. Marinalos espolvoreando Pimienta en polvo, mango seco en polvo y garam masala y sal. Pincharlos en brochetas y asarlos o asarlos a la parrilla.

f) Preparar la salsa, para ello calentar aceite en una sartén agregar aceite luego agregar un poco de agua, sal, salsa de soya, salsa de chile rojo y por último la papilla de harina de maíz hervirlos en la salsa espesa.

g) Ahora es el momento de ensamblar el Sizzler. Tome un plato caliente o kasha, caliéntelos bien, coloque algunas hojas de repollo y un poco de repollo picado y luego coloque todas y cada una de las cosas y rellénelas con la salsa Soya Chilli y disfrute del Sizzler.

79. Tofu especiado y tomates

Rinde: 4 TAZAS (948 ML)

INGREDIENTES:
- 2 cucharadas de aceite
- 1 cucharada colmada de semillas de comino
- 1 cucharadita de cúrcuma en polvo
- 1 cebolla roja o amarilla mediana, pelada y picada
- 1 pieza (2 pulgadas [5 cm]) de raíz de jengibre, pelada y rallada o picada
- 6 dientes de ajo, pelados y rallados o picados
- 2 tomates medianos, pelados (opcional) y picados
- 2–4 chiles verdes tailandeses, serranos o de cayena, picados
- 1 cucharada de pasta de tomate
- 1 cucharada de garam masala
- 1 cucharada de hojas secas de fenogreco, ligeramente trituradas a mano para liberar su sabor
- 1 taza (237 ml) de agua
- 2 cucharaditas de sal marina gruesa
- 1 cucharadita de chile rojo en polvo o cayena
- 2 pimientos verdes medianos, sin semillas y cortados en cubitos (2 tazas)
- 2 paquetes (14 onzas [397 g]) de tofu orgánico extra firme, horneado y cortado en cubos

INSTRUCCIONES:

a) En una sartén grande y pesada, caliente el aceite a fuego medio-alto.

b) Agregue el comino y la cúrcuma. Cocine hasta que las semillas chisporroteen, unos 30 segundos.

c) Agregue la cebolla, la raíz de jengibre y el ajo. Cocine durante 2 a 3 minutos, hasta que estén ligeramente dorados, revolviendo ocasionalmente.

d) Agregue los tomates, los chiles, la pasta de tomate, el garam masala, el fenogreco, el agua, la sal y el chile rojo en polvo. Reduzca el fuego ligeramente y cocine a fuego lento sin tapar durante 8 minutos.

e) Agregue los pimientos y cocine por otros 2 minutos. Agregue el tofu y mezcle suavemente. Cocine por otros 2 minutos, hasta que se caliente por completo. Sirva con arroz basmati integral o blanco, roti o naan.

80. Hash De Patata Al Comino

Rinde: 4 TAZAS (948 ML)

INGREDIENTES:
- 1 cucharada de aceite
- 1 cucharada de semillas de comino
- ½ cucharadita de asafétida
- ½ cucharadita de cúrcuma en polvo
- ½ cucharadita de mango en polvo (amchur)
- 1 cebolla amarilla o roja pequeña, pelada y cortada en cubitos
- 1 pieza de raíz de jengibre, pelada y rallada o picada
- 3 papas grandes hervidas (cualquier tipo), peladas y cortadas en cubitos (4 tazas [600 g])
- 1 cucharadita de sal marina gruesa
- 1–2 chiles verdes tailandeses, serranos o de cayena, sin tallos, en rodajas finas
- ¼ taza (4 g) de cilantro fresco picado, picado Jugo de ½ limón

INSTRUCCIONES:

a) En una sartén profunda y pesada, caliente el aceite a fuego medio-alto.

b) Agregue el comino, la asafétida, la cúrcuma y el mango en polvo. Cocine hasta que las semillas chisporroteen, unos 30 segundos.

c) Agregue la cebolla y la raíz de jengibre. Cocine por otro minuto, revolviendo para evitar que se pegue.

d) Añadir las patatas y la sal. Mezcle bien y cocine hasta que las papas estén bien calientes.

e) Cubra con los chiles, el cilantro y el jugo de limón. Sirva como guarnición con roti o naan o enrollado en un besan poora o dosa. Esto es genial como relleno para un sándwich vegetariano o incluso se sirve en una taza de lechuga.

81. Hash De Patata Con Semillas De Mostaza

Rinde: 4 TAZAS (948 ML)

INGREDIENTES:
- 1 cucharada de gramo partido (chana dal)
- 1 cucharada de aceite
- 1 cucharadita de cúrcuma en polvo
- 1 cucharadita de semillas de mostaza negra
- 10 hojas de curry, picadas en trozos grandes
- 1 cebolla amarilla o roja pequeña, pelada y cortada en cubitos
- 3 papas grandes hervidas (cualquier tipo), peladas y cortadas en cubitos (4 tazas [600 g])
- 1 cucharadita de sal blanca gruesa
- 1–2 chiles verdes tailandeses, serranos o de cayena, sin tallos, en rodajas finas

INSTRUCCIONES:

a) Remoje el gramo partido en agua hervida mientras prepara los ingredientes restantes.

b) En una sartén profunda y pesada, caliente el aceite a fuego medio-alto.

c) Agregue la cúrcuma, la mostaza, las hojas de curry y el gramo partido escurrido. Tenga cuidado, las semillas tienden a explotar y las lentejas remojadas pueden salpicar aceite, por lo que es posible que necesite una tapa. Cocine por 30 segundos, revolviendo para evitar que se pegue.

d) Agrega la cebolla. Cocine hasta que se dore un poco, aproximadamente 2 minutos.

e) Agregue las papas, la sal y los chiles. Cocine por otros 2 minutos. Sirva como guarnición con roti o naan o enrollado en un besan poora o dosa. Esto es genial como relleno para un sándwich vegetariano o incluso se sirve en una taza de lechuga.

82. Repollo al estilo Punjabi

Rinde: 7 TAZAS

INGREDIENTES:
- 3 cucharadas (45 ml) de aceite
- 1 cucharada de semillas de comino
- 1 cucharadita de cúrcuma en polvo
- ½ cebolla amarilla o roja, pelada y cortada en cubitos
- 1 pieza de raíz de jengibre, pelada y rallada o picada
- 6 dientes de ajo, pelados y picados
- 1 patata mediana, pelada y cortada en cubitos
- 1 repollo blanco de cabeza mediana, sin las hojas exteriores y finamente picado (alrededor de 8 tazas [560 g])
- 1 taza (145 g) de guisantes, frescos o congelados
- 1 chile verde tailandés, serrano o de cayena, sin tallo, picado
- 1 cucharadita de cilantro molido
- 1 cucharadita de comino molido
- 1 cucharadita de pimienta negra molida
- ½ cucharadita de chile rojo en polvo o cayena
- 1½ cucharaditas de sal marina

INSTRUCCIONES:

a) Ponga todos los ingredientes en la olla de cocción lenta y mezcle suavemente.

b) Cocine a fuego lento durante 4 horas. Sirva con arroz basmati blanco o integral, roti o naan. Este es un gran relleno para una pita con un poco de raita de yogur de soya.

83. Repollo con Semillas de Mostaza y Coco

Rinde: 6 TAZAS

INGREDIENTES:
- 2 cucharadas de lentejas negras enteras y sin piel
- 2 cucharadas de aceite de coco
- ½ cucharadita de asafétida
- 1 cucharadita de semillas de mostaza negra
- 10–12 hojas de curry, picadas en trozos grandes
- 2 cucharadas de coco rallado sin azúcar
- 1 col blanca de cabeza mediana, picada (8 tazas [560 g])
- 1 cucharadita de sal marina gruesa
- 1–2 chiles tailandeses, serranos o de cayena, sin tallos, cortados a lo largo

INSTRUCCIONES:

a) Remoje las lentejas en agua hervida para que se ablanden mientras prepara los ingredientes restantes.

b) En una sartén profunda y pesada, caliente el aceite a fuego medio-alto.

c) Agregue la asafétida, la mostaza, las lentejas escurridas, las hojas de curry y el coco. Caliente hasta que las semillas revienten, unos 30 segundos. Tenga cuidado de no quemar las hojas de curry o el coco. Las semillas pueden salirse, así que tenga una tapa a mano.

d) Agregue el repollo y la sal. Cocine, revolviendo regularmente, durante 2 minutos hasta que el repollo se marchite.

e) Agrega los chiles. Sirva inmediatamente como ensalada tibia, fría o con roti o naan.

84. Judías verdes con patatas

Rinde: 5 TAZAS

INGREDIENTES:
- 1 cucharada de aceite
- 1 cucharadita de semillas de comino
- ½ cucharadita de cúrcuma en polvo
- 1 cebolla roja o amarilla mediana, pelada y cortada en cubitos
- 1 pieza de raíz de jengibre, pelada y rallada o picada
- 3 dientes de ajo, pelados y rallados o picados
- 1 patata mediana, pelada y cortada en cubitos
- ¼ de taza (59 ml) de agua
- 4 tazas (680 g) de judías verdes picadas (½ pulgada [13 mm] de largo)
- 1 o 2 chiles tailandeses, serranos o de cayena, picados
- 1 cucharadita de sal marina gruesa
- 1 cucharadita de chile rojo en polvo o cayena

INSTRUCCIONES:

a) En una sartén pesada y profunda, caliente el aceite a fuego medio-alto.

b) Agregue el comino y la cúrcuma, y cocine hasta que las semillas chisporroteen, aproximadamente 30 segundos.

c) Agregue la cebolla, la raíz de jengibre y el ajo. Cocine hasta que estén ligeramente doradas, aproximadamente 2 minutos.

d) Agregue la papa y cocine por otros 2 minutos, revolviendo constantemente. Añadir el agua para evitar que se pegue.

e) Agrega las judías verdes. Cocine por 2 minutos, revolviendo ocasionalmente.

f) Agregue los chiles, la sal y el chile rojo en polvo.

g) Reduzca el fuego a medio-bajo y cubra parcialmente la sartén. Cocine por 15 minutos, hasta que los frijoles y la papa estén suaves. Apague el fuego y deje reposar la sartén, tapada, en el mismo quemador durante otros 5 a 10 minutos.

h) Sirva con arroz basmati blanco o integral, roti o naan.

85. Berenjenas Con Patatas

Rinde: 6 TAZAS (1.42 L)

INGREDIENTES:
- 2 cucharadas de aceite
- ½ cucharadita de asafétida
- 1 cucharadita de semillas de comino
- ½ cucharadita de cúrcuma en polvo
- 1 trozo (2 pulgadas [5 cm]) de raíz de jengibre, pelado y cortado en cerillas de ½ pulgada (13 mm) de largo
- 4 dientes de ajo, pelados y picados en trozos grandes
- 1 patata mediana, pelada y picada en trozos grandes
- 1 cebolla grande, pelada y picada en trozos grandes
- 1–3 chiles tailandeses, serranos o de cayena, picados
- 1 tomate grande, picado en trozos grandes
- 4 berenjenas medianas con piel, picadas en trozos grandes, extremos leñosos incluidos (8 tazas [656 g])
- 2 cucharaditas de sal marina gruesa
- 1 cucharada de garam masala
- 1 cucharada de cilantro molido
- 1 cucharadita de chile rojo en polvo o cayena
- 2 cucharadas de cilantro fresco picado, para decorar

INSTRUCCIONES:

a) En una sartén profunda y pesada, caliente el aceite a fuego medio-alto.

b) Agregue la asafétida, el comino y la cúrcuma. Cocine hasta que las semillas chisporroteen, unos 30 segundos.

c) Agregue la raíz de jengibre y el ajo. Cocine, revolviendo constantemente, durante 1 minuto.

d) Añade la patata. Cocine por 2 minutos.

e) Agregue las cebollas y los chiles y cocine por otros 2 minutos, hasta que estén ligeramente dorados.

f) Agregue el tomate y cocine por 2 minutos. En este punto, habrá creado una base para su plato.

g) Agrega la berenjena. (Es importante mantener los extremos leñosos para que usted y sus invitados puedan masticar el centro delicioso y carnoso más tarde).

h) Agregue la sal, el garam masala, el cilantro y el chile rojo en polvo. Cocine por 2 minutos.

i) Baje el fuego, cubra parcialmente la sartén y cocine por otros 10 minutos.

j) Apague el fuego, cubra la sartén por completo y déjela reposar durante 5 minutos para que todos los sabores tengan la oportunidad de mezclarse. Adorne con el cilantro y sirva con roti o naan.

86. Masala Coles De Bruselas

Rinde: 4 TAZAS (948 ML)

INGREDIENTES:
- 1 cucharada de aceite
- 1 cucharadita de semillas de comino
- 2 tazas (474 ml) de Gila Masala
- 1 taza (237 ml) de agua
- 4 cucharadas (60 ml) de crema de marañón
- 4 tazas (352 g) de coles de Bruselas, recortadas y partidas por la mitad
- 1–3 chiles tailandeses, serranos o de cayena, picados
- 2 cucharaditas de sal marina gruesa
- 1 cucharadita de garam masala
- 1 cucharadita de cilantro molido
- 1 cucharadita de chile rojo en polvo o cayena
- 2 cucharadas de cilantro fresco picado, para decorar

INSTRUCCIONES:
a) En una sartén profunda y pesada, caliente el aceite a fuego medio-alto.

b) Agregue el comino y cocine hasta que las semillas chisporroteen, aproximadamente 30 segundos.

c) Agregue el caldo de sopa de tomate del norte de la India, el agua, la crema de anacardos, las coles de Bruselas, los chiles, la sal, el garam masala, el cilantro y el chile rojo en polvo.

d) Llevar a ebullición. Reduzca el fuego y cocine a fuego lento sin tapar durante 10 a 12 minutos, hasta que las coles de Bruselas se ablanden.

e) Adorne con el cilantro y sirva sobre arroz basmati integral o blanco o con roti o naan.

87. Remolacha con Semillas de Mostaza y Coco

Rinde: 3 TAZAS (711 ML)

INGREDIENTES:
f) 1 cucharada de aceite
g) 1 cucharadita de semillas de mostaza negra
h) 1 cebolla amarilla o roja mediana, pelada y cortada en cubitos
i) 2 cucharaditas de comino molido
j) 2 cucharaditas de cilantro molido
k) 1 cucharadita de masala del sur de la India
l) 1 cucharada de coco rallado sin azúcar
m) 5–6 remolachas pequeñas, peladas y cortadas en cubitos (3 tazas [408 g])
n) 1 cucharadita de sal marina gruesa
o) 1½ [356 ml] tazas de agua

INSTRUCCIONES:
a) En una sartén pesada, caliente el aceite a fuego medio-alto.
b) Agregue las semillas de mostaza y cocine hasta que chisporroteen, unos 30 segundos.
c) Agregue la cebolla y cocine hasta que esté ligeramente dorada, aproximadamente 1 minuto.
d) Agregue el comino, el cilantro, la masala del sur de la India y el coco. Cocine por 1 minuto.
e) Agregue las remolachas y cocine por 1 minuto.
f) Añade la sal y el agua. Lleve a ebullición, reduzca el fuego, cubra y cocine a fuego lento durante 15 minutos.
g) Apague el fuego y deje reposar la sartén, tapada, durante 5 minutos para que el plato pueda absorber todos los sabores. Sirva sobre arroz basmati integral o blanco o con roti o naan.

88. Espinacas especiadas con "Paneer"

Rinde: 10 TAZAS (2.37 L)

INGREDIENTES:

- 2 cucharadas de aceite
- 1 cucharada de semillas de comino
- 1 cucharadita de cúrcuma en polvo
- 1 cebolla amarilla o roja grande, pelada y cortada en cubitos
- 1 pieza (2 pulgadas [5 cm]) de raíz de jengibre, pelada y rallada o picada
- 6 dientes de ajo, pelados y rallados o picados
- 2 tomates grandes, picados
- 1 o 2 chiles tailandeses, serranos o de cayena, picados
- 2 cucharadas de pasta de tomate
- 1 taza (237 ml) de agua
- 1 cucharada de cilantro molido
- 1 cucharada de garam masala
- 2 cucharaditas de sal marina gruesa
- 12 tazas (360 g) de espinacas frescas picadas densamente empacadas
- 1 paquete (14 onzas [397 g]) de tofu orgánico extra firme, horneado y cortado en cubos

INSTRUCCIONES:

a) En una sartén ancha y pesada, caliente el aceite a fuego medio-alto.

b) Agregue el comino y la cúrcuma y cocine hasta que las semillas chisporroteen, aproximadamente 30 segundos.

c) Agregue la cebolla y cocine hasta que se dore, aproximadamente 3 minutos, revolviendo suavemente para que no se pegue.

d) Agregue la raíz de jengibre y el ajo. Cocine por 2 minutos.

e) Agregue los tomates, los chiles, la pasta de tomate, el agua, el cilantro, el garam masala y la sal. Reduzca el fuego y cocine a fuego lento durante 5 minutos.

f) Agrega las espinacas. Es posible que deba hacer esto en lotes, agregando más a medida que se marchita. Parecerá que tienes demasiadas espinacas, pero no te preocupes. Todo se cocinará. ¡Confía en mí!

g) Cocine por 7 minutos, hasta que la espinaca se ablande y se cocine. Licue con una licuadora de inmersión o en una licuadora tradicional.

h) Agregue el tofu y cocine por otros 2 a 3 minutos. Sirva con roti o naan.

89. Papas con fenogreco y espinacas

Rinde: 3 TAZAS (711 ML)

INGREDIENTES:
- 2 cucharadas de aceite
- 1 cucharadita de semillas de comino
- 1 paquete de 12 onzas de espinacas congeladas
- 1½ tazas de hojas secas de fenogreco
- 1 patata grande, pelada y cortada en cubitos
- 1 cucharadita de sal marina gruesa
- ½ cucharadita de cúrcuma en polvo
- ¼ de cucharadita de chile rojo en polvo o cayena
- ¼ de taza (59 ml) de agua

INSTRUCCIONES:

a) En una sartén pesada, caliente el aceite a fuego medio-alto.

b) Agregue el comino y cocine hasta que las semillas chisporroteen, aproximadamente 30 segundos.

c) Agregue las espinacas y reduzca el fuego a medio-bajo. Tape la sartén y cocine por 5 minutos.

d) Agregue las hojas de fenogreco, mezcle suavemente, vuelva a colocar la tapa y cocine por otros 5 minutos.

e) Agregue la papa, la sal, la cúrcuma, el chile rojo en polvo y el agua. Mezcla suavemente.

f) Vuelva a colocar la tapa y cocine por 10 minutos.

g) Retire la sartén del fuego y déjela reposar con la tapa puesta durante otros 5 minutos. Sirva con roti o naan.

90. Quimbombó crepitante

Rinde: 4 TAZAS (948 ML)

INGREDIENTES:
- 2 cucharadas de aceite
- 1 cucharadita de semillas de comino
- 1 cucharadita de cúrcuma en polvo
- 1 cebolla amarilla o roja grande, pelada y picada muy gruesa
- 1 pieza de raíz de jengibre, pelada y rallada o picada
- 3 dientes de ajo, pelados y picados, picados o rallados
- 2 libras de okra, lavada, secada, recortada y cortada
- 1 o 2 chiles tailandeses, serranos o de cayena, picados
- ½ cucharadita de mango en polvo
- 1 cucharadita de chile rojo en polvo o cayena
- 1 cucharadita de garam masala
- 2 cucharaditas de sal marina gruesa

INSTRUCCIONES:

a) En una sartén profunda y pesada, caliente el aceite a fuego medio-alto. Agregue el comino y la cúrcuma. Cocine hasta que las semillas comiencen a chisporrotear, unos 30 segundos.

b) Agregue la cebolla y cocine hasta que se dore, de 2 a 3 minutos. Este es un paso clave para mi okra. Los trozos grandes y gruesos de cebolla deben dorarse por completo y caramelizarse ligeramente. Esta será una base deliciosa para el plato final.

c) Agregue la raíz de jengibre y el ajo. Cocine por 1 minuto, revolviendo ocasionalmente.

d) Agregue la okra y cocine por 2 minutos, hasta que la okra se vuelva verde brillante.

e) Agregue los chiles, el mango en polvo, el chile rojo en polvo, el garam masala y la sal. Cocine por 2 minutos, revolviendo ocasionalmente.

f) Reduzca el fuego a bajo y cubra parcialmente la sartén. Cocine por 7 minutos, revolviendo ocasionalmente.

g) Apaga el fuego y ajusta la tapa para que cubra la olla por completo. Déjalo reposar de 3 a 5 minutos para permitir que se absorban todos los sabores.

h) Adorne con el cilantro y sirva con arroz basmati integral o blanco, roti o naan.

91. Salchicha a la parrilla con mostaza picante

Rinde: 1 porciones

INGREDIENTES:

- Salchicha italiana suave --
- A la parrilla
- mostaza picante
- brochetas

INSTRUCCIONES:

a) Salchicha italiana suave a la parrilla o a la parrilla; cortar en trozos y servir en brochetas, acompañado con mostaza picante favorita.

92. Salchicha a la parrilla y Portobello

Rinde: 6 porciones

INGREDIENTES:

- 2 libras de tomates; reducido a la mitad
- 1 hongo portobello grande
- 1 cucharada de aceite vegetal
- 1 cucharadita de sal; dividido
- 1 libra de salchichas italianas dulces
- 2 cucharadas de aceite de oliva
- 1 cucharadita de ajo picado
- ¼ de cucharadita de tomillo
- ¼ de cucharadita de pimienta recién molida
- 1 libra de Rigatoni

INSTRUCCIONES:

a) Parrilla de calor

b) Unte los tomates y los champiñones con aceite vegetal y sazone con ½ cucharadita de sal. Ase a la parrilla a fuego moderado hasta que estén tiernos, de 5 a 10 minutos para los tomates y de 8 a 12 minutos para los champiñones, girando una vez. Asa las salchichas de 15 a 20 minutos, girando una vez.

c) Dados los tomates; segmento de salchichas y champiñones; Cambie a un plato grande. Agregue el aceite de oliva, el ajo, la ½ cucharadita restante de sal, el tomillo y la pimienta.

d) mezclar con rigatoni caliente.

93. Puerros a la parrilla con champagne

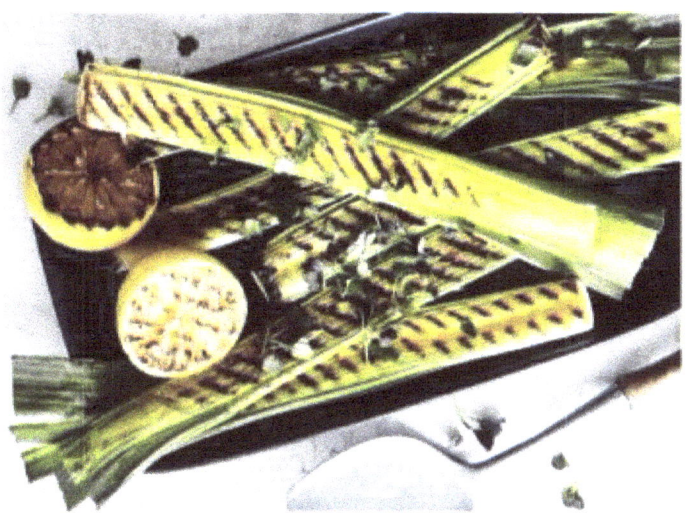

Rinde: 4 Porciones

INGREDIENTES:

- 6 fugas de tamaño moderado
- 2 cucharadas de aceite de oliva
- 1 taza de tomillo fresco; aproximadamente cortado en cubitos
- 2 tazas de champán
- 1 taza de caldo de pollo
- 1 taza de queso feta desmenuzado
- Sal y pimienta; probar

INSTRUCCIONES:

a) Recorte la parte superior e inferior de los puerros, dejando alrededor de 2 a 3 pulgadas de verde por encima de la parte blanca del puerro. Desde la mitad del puerro recortado, haga varios segmentos longitudinales hacia el verde del puerro. Enjuague bien los puerros.

b) En una sartén grande, caliente el aceite de oliva a fuego moderado. Cuando el aceite esté caliente, agregue el tomillo y revuelva durante 1 minuto. Agregue los puerros y dore durante 3 minutos, hasta que estén ligeramente dorados por varios lados. Agregue el champán y el caldo, y cocine a fuego lento los puerros hasta que estén tiernos, aproximadamente 8 minutos. Saque los puerros de la sartén y reserve.

c) Continúe cocinando a fuego lento la salsa restante en la sartén hasta que se reduzca a la mitad. Mientras tanto, asa los puerros a fuego moderado durante 8 a 10 minutos, girando varias veces. Sacar los puerros de la parrilla y partirlos por la mitad a lo largo.

d) Sirva inmediatamente, agregando un poco de queso feta y un poco de salsa reducida a cada porción.

94. Shiitakes a la brasa

Rinde: 4 Porciones

INGREDIENTES:

- 8 onzas de shiitakes
- 1 cucharada de aceite de oliva
- 1 cucharada de tamari
- 1 cucharada de ajo, triturado
- 1 cucharadita de romero picado
- sal y pimienta negra
- 1 cucharadita de jarabe de arce
- 1 cucharadita de aceite de sésamo
- edamame

INSTRUCCIONES:

a) Enjuague los champiñones. Saque y deseche los tallos. Mezcle los champiñones con los ingredientes restantes y deje marinar durante 5 minutos. Ase las tapas sobre las brasas hasta que estén ligeramente chamuscadas.

b) Decorar con edamame.

95. Verduras de confeti a la parrilla

Rinde: 4 Porciones

INGREDIENTES:

- 8 tomates cherry; - reducido a la mitad, hasta 10
- 1½ taza de maíz cortado de la mazorca
- 1 pimiento rojo dulce; en juliana
- ½ pimiento verde moderado; en juliana
- 1 cebolla pequeña; Segmentario
- 1 cucharada de hojas de albahaca fresca; cortado en cubitos
- ¼ de cucharadita de cáscara de limón rallada
- Sal y pimienta; probar
- 1 cucharada + 1 cucharadita de mantequilla sin sal

INSTRUCCIONES:

a) Mezcla todos los ingredientes excepto la mantequilla en un plato grande; mezcle suavemente para mezclar bien. Divide la mezcla de verduras por la mitad. Coloque cada mitad en el centro de un trozo de papel de aluminio resistente de 12 x 12". Unte las verduras con mantequilla.

b) Junta las esquinas del papel aluminio para formar una pirámide; girar para sellar.

c) Ase los paquetes de papel de aluminio sobre brasas moderadamente calientes durante 15 a 20 minutos, o hasta que las verduras estén tiernas. Servir inmediatamente.

POSTRE

96. Sizzler Fudge Brownie Con Salsa De Chocolate

INGREDIENTES:
- 1 taza de cacao en polvo sin azúcar
- 1 taza de harina para todo uso
- 1 1/2 taza de azúcar granulada
- 1 cucharadita de sal
- 2 cucharadas de vainilla en polvo/esencia
- 1 taza de mantequilla derretida
- 4 huevos
- 250 gramos de chocolate amargo
- 2 cucharadas de aceite sin sabor

INSTRUCCIONES:

a) Estos brownies son pegajosos y suaves con la parte superior arrugada. Son unos brownies perfectos para disfrutar, fáciles de hacer y riquísimos. Todo lo que tiene que hacer es seguir la receta paso a paso y usted también terminará en los brownies de chocolate perfectos. Siempre use chocolate negro de buena calidad en esta receta. Use cacao en polvo sin azúcar de buena calidad siempre en cualquier receta requerida. Puedes usar cualquier polvo o esencia o extracto de vainilla.

b) los ingredientes son simples vamos a hacer los brownies de chocolate. En primer lugar, pique los chocolates amargos. Estoy usando chocolate amargo extra, por eso use 1 1/2 taza de azúcar si está usando chocolate amargo o chocolates semidulces o dulces, luego agregue el azúcar en consecuencia también, rellenaré los brownies con salsa de chocolate para que todo esto equilibrará el sabor. Revisas tus chocolates y luego agregas el azúcar según sea necesario. Si tiene azúcar morena, use mitad y mitad de azúcar morena y blanca.

c) Después de cortar aproximadamente los chocolates, algunos en trozos grandes, algunos pequeños, algunos en polvo, déjelos a un lado y tome un tazón grande en el que agregue la mantequilla derretida y el azúcar. Luego rompa los cuatro huevos y bátalos con una batidora eléctrica. También puede batir manualmente, pero en ese caso el resultado final no será tan bueno. Batir durante 5-6 minutos a alta velocidad. Para entonces será aireado, de color pálido y casi se duplicará en tamaño y un poco cremoso. Luego agregue el aceite vegetal y mézclelo nuevamente.

d) Luego tamizar todos los ingredientes secos en el mismo bol. Tamizar siempre el cacao en polvo ya que tiene muchos grumos. después de tamizar, combine los ingredientes húmedos y secos siguiendo las instrucciones de cortar y doblar. recuerda que no habíamos agregado ningún agente leudante, por lo que el aire que incorporamos en nuestros ingredientes húmedos debe permanecer para un brownie pegajoso. Dobla siempre con una espátula de borde muy fino para que el aire permanezca en la masa mientras doblas. No sobre m7x, de lo contrario será difícil.

e) Una vez mezclado completamente, agregue 3/4 de los chocolates picados y vuelva a mezclar suavemente. Mientras tanto precalienta el horno a 180°C por 15 minutos.

f) Luego tome un molde para hornear, engráselo con aceite y cúbralo con papel manteca o papel pergamino y luego cepille nuevamente. Ahora vierte toda la masa en la fuente para horno. Luego aplástalo con una cuchara o espátula y luego golpéalo suavemente. Ahora agregue los chocolates picados restantes encima y extiéndalo uniformemente.

g) Ahora mantenlo en el horno precalentado y hornéalo a 180°C por 50 minutos o según tu horno. Puede que tarde 5 minutos más o menos en el horno, así que vigílalo. Una vez hecho, sácalo del horno y se verá suave y pegajoso en el medio, pero no lo vuelvas a hornear, estará perfecto una vez que se enfríe. Déjalo en la fuente de horno durante 10 minutos, luego sácalo tirando del papel manteca y salga fácilmente. Deje que se enfríe durante 15-20 minutos y luego córtelo en la forma y el tamaño deseados.

h) Puedes servirlo tal cual o acompañarlo con salsa de chocolate. Para la salsa de chocolate, consulte mi receta anterior publicada en mi cuenta y la obtendrá allí. Pero estamos haciendo brownie chisporroteante, así que mantendré mi plato chisporroteante a fuego alto y lo haré bien caliente. Luego vierte la salsa de chocolate sobre él y escucha ese sonido chisporroteante que te encantará. Luego mantenga las piezas de brownie encima y cúbralo con helado de vainilla. Es totalmente opcional pero sabe mejor cuando se sirve así.

i) Luego rocíe un poco más de salsa de chocolate encima y sirva. Disfruta de este brownie de fudge estilo restaurante con tu familia y amigos.

97. Budín de suji y frutas a la parrilla

Rinde 4 porciones

INGREDIENTES:
- 1 cucharada de margarina vegana
- ¼ taza de anacardos a la parrilla sin sal
- ¼ taza de pasas doradas
- 1 taza de suji
- ½ taza de azúcar
- 1 1/2 tazas de jugo de piña, mango o uva blanca
- ¼ taza de trozos de piña
- ¼ cucharadita de cardamomo molido

INSTRUCCIONES:
a) Calentar la margarina en un comal moderado a fuego bajo.
b) Tueste los anacardos, las pasas y el suji hasta que estén fragantes, aproximadamente 5 minutos, revolviendo regularmente.
c) Continúe cocinando a fuego lento, revolviendo constantemente, después de agregar el azúcar y el jugo de piña.
d) Cocine por unos minutos más, hasta que se forme un budín espeso, luego agregue los trozos de piña y el cardamomo.
e) Divida el pudín en partes iguales entre cuatro tazones de postre pequeños para servir.

98. Banana split a la parrilla

Hace: 6

INGREDIENTES:

- 1/2 taza de mantequilla, derretida
- 1/2 taza de azúcar moreno claro compactado
- 6 plátanos firmes, cortados a lo largo
- 1 litro de helado de vainilla
- 1 taza de chocolate caliente, calentado

INSTRUCCIONES:

a) Precaliente la parrilla a fuego medio-alto.
b) Combine la mantequilla y el azúcar moreno en una fuente para hornear de 9" x 13" y revuelva bien.
c) Cepille los plátanos con la mezcla de mantequilla para cubrirlos completamente.
d) Cocine de 4 a 6 minutos, o hasta que los bordes comiencen a burbujear, con el lado plano hacia abajo en la parrilla; voltee con una espátula y cocine de 2 a 3 minutos más, o hasta que se dore suavemente.
e) Coloque 2 segmentos de plátano cocidos en cada uno de los 6 platos, cubra con helado y rocíe con chocolate caliente.
f) Sirva de inmediato.

99. Sizzler de brownie de chocolate

INGREDIENTES:
PARA BROWNIE
- 1/2 azúcar glass
- 1/4 taza de azúcar moreno
- 2 huevos
- 1/2 cucharadita de esencia de vainilla/chocolate
- 1/2 taza 75 gramos mantequilla
- 3/4 taza de harina
- 1/4 taza de cacao en polvo
- 2 cucharadas de chocolate para cocinar en trozos
- 3 cucharadas de leche
- 1 cucharadita de polvo de hornear colmado

PARA SALSA DE CHOCOLATE
- 2 cucharadas de mantequilla
- 2 cucharadas de nueces/almendras (opcional)
- 3 cucharadas de azúcar en polvo
- 3 cucharadas de chocolate para cocinar / coco en polvo
- 3 cucharadas de jarabe de maíz
- 3 cucharadas de nata fresca
- 8/8 molde para hornear cuadrado
- 2,3 bolas de helado de vainilla

INSTRUCCIONES:
a) Tamizar la harina, el polvo de coco y el polvo de hornear juntos.
b) Ahora tome un tazón, agregue todos los ingredientes, acepte trozos de chocolate y leche, luego bátalo durante 3 minutos a velocidad media.
c) Ahora verifique la mezcla de brownie si es una crema espesa, luego agregue leche y revuélvala con una espátula.
d) Ahora vierta la mezcla en un molde para brownie cuadrado de 8/8 y extiéndalo con una espátula.
e) Ahora agregue trozos de chocolate en la parte superior y mezcle en el sentido de las agujas del reloj.

f) Precaliente el horno a 180 C durante 12 minutos, luego vierta la mezcla de brownie en la rejilla del medio y hornee de 27 a 30 minutos.

g) Vigile el brownie que después de 27 minutos revise el brownie con brochetas / palillos de dientes si la brocheta está sin mezcla para que esté lista, pero si tiene minutos, hornee de 3 a 5 minutos más en el horno, si está listo, saque el brownie y deja que se cocinen de 5 a 10 minutos y luego voltea el papel mantequilla de esta manera.

h) Ahora corta el brownie y déjalo enfriar durante 20 minutos en la nevera.

i) Mientras tanto tenemos que hacer la salsa chisporroteante de brownie, ahora junta los ingredientes reservados.

j) Calienta la sartén, agrega todos los ingredientes y cocina a fuego lento durante 2 minutos y sigue revolviendo cuando la consistencia se vuelva espesa.

k) Caliente la sartén, agregue todos los ingredientes juntos, luego cocine durante 2 minutos y continúe comenzando con una espátula / cuchara si tiene una consistencia espesa, entonces estará listo para apagar la llama.

l) Dejar enfriar el brownie y cortarlo.

m) Caliente el plato chisporroteante / cualquier molde de pastel redondo y cepille con un poco de aceite / mantequilla, luego agregue la mitad de la salsa de chocolate, luego agregue el brownie y luego agregue las esferas de helado de vainilla en la parte superior, rocíe la salsa de chocolate caliente.

n) Tengo un plato redondo que chisporrotea y puedo cortar los trozos de brownie de tamaño mediano a pequeño.

o) Un delicioso brownie caliente y fresco al estilo restaurante está listo para servir en casa, disfrútalo.

100. Gajar Halwa Y Esponja Sizzler

Hace: 4

INGREDIENTES:
- Bizcocho de vainilla 1 (6" de diámetro)
- Bizcocho de chocolate 1 (6" de diámetro)
- jugo de naranja 1/2 taza
- Gajar halwa 2 tazas
- Rabdi 2 tazas
- Plata warq 2 hojas
- Almendras laminadas 12-15

INSTRUCCIONES:

Precaliente la placa chisporroteante sobre una llama abierta. Partir los bizcochos por la mitad horizontalmente. Coloca el molde circular sobre una mitad de bizcocho de vainilla y chocolate y corta rodajas redondas con la ayuda de un cuchillo bien afilado. Humedecer las rondas con jugo de naranja.

Colocar el bizcocho de chocolate redondo en el molde anular de la base. Extienda una capa gruesa de gajar halwa sobre ella y alise la superficie. Coloque el bizcocho de vainilla sobre la capa de gajar halwa y presione ligeramente.

Una vez más, extienda una capa gruesa de gajar halwa. Suavizar la parte superior. Si lo deseas puedes conservar este bocadillo en el frigorífico durante algún tiempo.

Dobla una hoja de papel de aluminio. Coloque la placa chisporroteante caliente sobre la base de madera. Coloque el papel aluminio doblado sobre el plato. Ahora coloque el sándwich de pastel sobre el papel de aluminio.

Afloje suavemente el sándwich del molde del anillo. Vierta un poco de rabdi sobre el sándwich. Decorar con papel de plata.

Espolvorear las hojuelas de almendras y servir inmediatamente.

CONCLUSIÓN

El título de los alimentos más satisfactorios, reconfortantes, completos y atractivos para la vista se le puede dar a 'sizzlers'. ¡Por una simple razón, tan pronto como lo ves, quieres comerlo todo! Es justo, tiene tanta comida en un plato que sientes que no necesitas nada más en tu vida, ¡pero prueba cualquiera de estas 100 recetas y nunca mirarás hacia atrás! Disfrutar.

Ingram Content Group UK Ltd.
Milton Keynes UK
UKHW020624210623
423802UK00010B/85